JN114102

「ESDでひらく未来」シリーズ

改訂版

社会教育・生涯学習論

自分と世界を変える学び

鈴木敏正
朝岡幸彦　編著

学文社

Adult and Community Education in Lifelong Learning Age

〈執筆者〉

鈴木　敏正	北海道大学名誉教授	［序章・第2章］
朝岡　幸彦	東京農工大学	［第1章］
岩松　真紀	明治大学(非常勤)	［第3章］
若原　幸範	聖学院大学	［第4章］
古里　貴士	東海大学	［第5章］
向井　健	松本大学	［第6章］
秦　範子	都留文科大学(非常勤)	［第7章］
大高　研道	明治大学	［第8章］
二ノ宮リムさち	東海大学	［終章］

初版　はじめに

　本書『社会教育・生涯学習論』を手に取る方はほとんど，社会教育や生涯学習の言葉はすでに知っていて，なんらかのイメージがあるだろう。社会教育について本書では，戦後の教育基本法（1947 年）および社会教育法（1949 年）で規定された「社会教育」を前提としている。生涯学習については，1965 年の国連における「生涯教育」の提起に始まり，1980 年代以降の日本の教育政策に「生涯学習」として位置づけられ，「生涯学習振興法」（1990 年）のもとで日本社会に定着してきた「生涯学習」を考えている。

　経過と現状からして，生涯「教育」や社会教育よりも生涯「学習」のほうが身近でなじみがあると言われる方が多いかもしれない。しかし，2006 年に大改定された教育基本法で「生涯学習の理念」（第 3 条）が新たに設けられ，生涯学習は「国民一人一人が，自己の人格を磨き，豊かな人生を送ることができるよう，その生涯にわたって，あらゆる機会に，あらゆる場所において学習すること」とされていることの意味を考えたことがあるであろうか。さらには，日本政府も参加して採択された国連・ユネスコ国際成人教育会議の「学習権宣言」（1985 年）が，学習権は「人間の生存にとって不可欠な手段」であり，学習活動は「あらゆる教育活動の中心に位置付けられ，人々が，なりゆきまかせの客体から，自らの歴史をつくる主体に変えていくもの」であると宣言していることについてはどうだろうか。

　これらは読者の皆さんのイメージと重なるところもあるかも知れないが，異なるところも多いであろう。日本では生涯学習は一時期，（時間とお金に余裕がある）主婦や高齢者の活動だとすらいわれたこともあり，たしかに外部からみれば一部にそうした側面もあった。しかし，戦後日本の実際の社会教育は，直面する生活課題・地域課題に取り組む人々，とくに困難をかかえた若者や女性や高齢者，そして子どもを含む地域住民の学習を支える活動を通して発展してきた。それらの活動は，21 世紀になってますます重要な意味をもつように

なってきている。全国的にはもちろん地球的関連をもつ生活課題・地域課題が一般化してきており，それらの課題に取り組む学習が求められ，実際に取り組まれてきている。そうしたなかで改めて，社会教育・生涯学習の価値が見直されてきているのである。

　たとえば，大震災からの復興である。東日本大震災（2011年）の被災地，とくに原発事故があった福島県では地震や津波で亡くなった犠牲者よりも，その後の避難過程で亡くなった方々の数がはるかに多いということに端的に示されるように，厳しい避難生活が続いてきた。その経験は最近，政治だけでなくマスコミや学界でも風化しつつあるが，いまでも「難民・棄民」と呼ばれるような状態にある被災者が多い。問われてきたことは，生活支援・生活条件保障だけでなく，被災による自己喪失と他者喪失，そしてコミュニティ喪失を含む「過酷な喪失経験」からの「人間の復興」であった。

　東日本大震災被災地で最大の避難所となった「ビッグパレットふくしま」（郡山市にあったイベント施設，避難者は主に富岡町民と川内村民）に赴任した福島県社会教育主事（当時）の天野和彦氏は，そこでの活動を次のように振り返っている。すなわち，「4月11日に初めて赴任した日には，人間ってほんとに脆いものなんだなと思いました。でも，だんだん，人間って強いんだなと思い直していくようになりました」と。死者が出てもおかしくないといわれた状況からのこの変化をもたらしたのは，社会教育の視点に立った避難所運営である。

　「生命を守る」ことを最優先しつつ，中越地震の経験に基づく「足湯とサロン」の実践にはじまり，喫茶コーナー・女性専用コーナーの設置や地域FMの開設とそれらの自治的運営，避難所の清掃・美化，そして手芸などのサークル活動，避難者主体の夏祭りなどのイベント活動などが生まれていったのである。それらの基本にあるのは，ビッグパレットから生まれ，仮設住宅に設置された「おだがいさま（お互い様）センター」の名称が示しているように，「おだがいさま精神」で生活支援拠点を運営しながら，「自治と交流とたまり場」を創造することによって「人間らしい生活を取り戻す」ことにあった。そこから，「おだがいさまファーム」や「おだがいさま工房」など，協同的な生産活

動にかかわるような実践も生まれていった。

　こうした活動は，福島県を越えた被災地の全体，とくに（「自治と交流とたまり場」を体現してきた）公民館などの社会教育施設を利用した避難・復興活動において，大なり小なりみられたことである。防災・減災活動はもちろん，伝統芸能復活などの文化活動，被災体験を語る「語り部」や経験の記録活動，さらに住民参画の復興計画づくりなども重要な社会教育活動である。これらすべてに，戦後日本の社会教育で蓄積されてきた経験が生かされ，新たな創造がなされつつあるといえる。それらの実践を通して，学習は「人間の生存にとって不可欠」であり，生涯学習は「あらゆる機会，あらゆる場所」において実現されなければならないことが，実際に示されてきたのである。

　もちろん，「国民一人一人が，自己の人格を磨き，豊かな人生を送る」ための生涯学習はあらゆる領域に広がっており，大災害からの復興において求められているというだけではない。21世紀は「知識基盤社会」と呼ばれ，学習が最も重視される時代だといわれている。あるいは「グローバルな大競争時代」「不確定性の時代」「リスク社会」とされ，こうした時代を「生き抜く」ために学習が不可欠だともいわれている。しかし，東日本大震災はこれまでの自然・人間・社会のあり方すべてへの問い直しを迫った。それらへの対応が迫られる一方で，もっと具体的で切実な問題への取り組みのなかから社会教育・生涯学習が求められている。

　将来への不安や格差・貧困問題，そして（人々が社会の一員として正当に処遇されなくなるという）「排除型社会」の諸問題が多様化・深刻化している。超少子高齢化のなか，とくに自治体の「平成の大合併」以後，地域格差・地域空洞化がいっそう拡大し，日本全土にわたって「地方消滅」が予測されて，それぞれ個性的な地域を再生することが喫緊の課題となっている。それら一つひとつに対応しながら，「誰もが排除されることのない，持続可能な地域」づくりを進めるために，社会教育・生涯学習が必要とされてきているのである。

　〈以下，略〉

改訂にあたって

　本シリーズは「ESD でひらく未来」を共通テーマにしてきたが，「持続可能な開発＝発展のための教育（Education for Sustainable Development, ESD）」は，国連・ユネスコで提起され推進されてきた 21 世紀の代表的国際教育運動である。本書は，これに呼応しつつ，日本の「社会教育・生涯学習」のあり方と発展課題を考えた旧著の改訂版である。

　旧版発行後に直面した最大の出来事と言えば，新型コロナ（COVID-19）によるパンデミックとロシア軍侵攻に始まるウクライナ戦争であり，それらがもたらす政治的・軍事的・経済的・社会的・人道的，そして生活的諸問題であろう。これらが端的に示すように，われわれは今日，地域に暮らしながら，日本全体はもちろん，グローバルに展開される地球的問題群への対応を恒常的に迫られている。遡って逆に，東日本大震災に伴う原発事故や，より日常的に，食料・エネルギーの大半を，そして ICT 技術の基本さえも海外に依存していることの国際的影響を考えてみても同様であろう。

　国際的な開発支援や環境保全運動のなかから提起されてきた「地球的視野で考えて，地域で行動せよ　Think Globally, Act Locally！」という「グローカル（グローバルにしてローカル）」な視点の必要性は，いまや「地域のことを考えて，地球大に行動せよ　Think Locally, Act Globally！」も加え，地域住民の現実的生活と直結するものとなっている。気候危機に本格的に取り組まない大人たちを変えようとしたスウェーデンの 15 歳，グレタ・トゥーンベリさんの「たった一人の学校ストライキ」（2018 年）に始まって世界に広がった「未来のための金曜日」運動は，この時代を象徴している。本書では，このような現段階を「新グローカル時代」ととらえ直してみたい。地域に根差した実践を積み重ねてきた日本の社会教育・生涯学習には，新たな発展が求められている。

　この間の格差・貧困・社会的排除問題の深刻化，社会の分断・対立が進むなかで，あらためて「持続可能な発展（SD）」の基本理念，すなわち「世代間お

および世代内の公正」に立ち戻った活動が求められている。現在，2015年国連総会で採択された「我々の世界を変革する：持続可能な開発のための2030アジェンダ」に基づく「持続可能な開発目標（SDGs, 2015-2030）」が推進されている。対応するESDは，2019年から「ESD for 2030」として取り組まれている。そこでは，ローカル，ナショナル，リージョナル（東アジア・東南アジアなど），グローバルの諸レベルで推進する教育（地球市民性教育 Global Citizenship Education, GCED）を含んだ，総合的な展開が求められている（ESD + GCED）。

「新グローカル時代」は，戦後の冷戦体制崩壊後の「経済的グローバリゼーション」がもたらしたグローカルな地球的問題群（その「双子の基本問題」は，環境・資源問題と貧困・社会的排除問題）に，人々と世界をつなぐ最初の位置にあるローカル（地域的）な実践を基盤として取り組み，具体的に「我々の世界を変革」しようとする「ポスト・グローバリゼーション」の時代でもある。日本では，バブル経済崩壊後の「失われた20年」が問題とされてきたが，それも「30年」を越えた。コロナ危機を契機として地域的・階層的・性別格差は複雑に拡大し，貧困・社会的排除問題はより深刻化している。

21世紀は知識基盤社会と言われてきたが，コロナ禍で急速に浸透する「デジタル革命（DX）」が明るい未来（ユートピア）を開くと言われる一方，同じデジタル技術によって人々の孤立化と差別・分断，そして監視社会化や「（事実や真実が見えなくなる）ポスト・トゥルース」が支配的になる暗い未来（ディストピア）を予想する主張も多い。「未来の選択の時代」である。

こうした時代に生きていくためには，「学び」が不可欠である。国連の21世紀教育国際委員会は，その報告書『学習：秘められた宝』（1996年）で，21世紀の教育として「生活全体を通した学習」を提起し，それまでの「知ること」と「なすこと」に加えて，「人間として生きること」と「ともに生きること」を学ぶことを推進することが「21世紀型学習」の課題だと提起していた。これら「学習四本柱」は，まさにコロナ危機やウクライナ戦争に対応するうえでも切実な学びとなっている。しかし，「新グローカル時代」にはさらに，実際に「我々の世界を変えること」を学ぶ学習が求められている。2022年6月，

第7回ユネスコ国際成人教育会議（CONFINTEA Ⅶ）は「マラケシュ行動枠組：成人教育・学習の変革力を実装する」を採択した。

以上のような時代認識にたって，この改訂版ではあらためて社会教育・生涯学習・ESD の基本について考え直し，その歴史をふまえつつ，時代的課題に応える地域での具体的実践例をとおして理解を深め，今後の課題を検討していくための素材を提供することを目標としている。

その構成は以下のとおりであるが，社会教育・生涯学習・ESD の理解は旧版と基本的に変わらない（序章）。ただし，その後の展開をふまえてアップデイトしていることは，旧版を引き継いだ諸章でも同様である。

まず，あらためて，新たな状況で「学習権」を保障する「社会教育の自由」のあり方を考える（第1章）。次いで，これまでの蓄積をふまえて，地域社会教育実践の展開論理を整理した（第2章）。そのうえで，「社会教育の本質」を体現する戦後日本の自己教育運動を振り返り（第3章），経済的グローバリゼーションがもたらした「双子の基本問題」，すなわち貧困・社会的排除問題（第4章）と環境・資源問題（第5章）に対応する具体的実践例を取り上げ，それらを含みながら独自に進められる地域づくり教育（第6章），さらに大災害からの復興・再生・復元力（レジリエンス）構築にかかわる社会教育・生涯学習（第7章）のあり方を考えていく，という構成は旧版と変わらないが，すべて新たな動向と実践例を加筆・改訂している（とくに第6，7章）。新しく加えた第8章では，新型コロナ禍の中で成立した「労働者協同組合法」をふまえ，協同実践が拓く新たな学習の可能性の提起をしている。そして終章では，コロナ危機の経験をとおして，コロナ後社会における社会教育・生涯学習のあり方を考える。

なお，巻末の参考資料のうち「生涯学習振興法」をユネスコ世界会議「ESDに関するベルリン宣言」（2021年）に差し替えた。新型コロナ・パンデミックの渦中，オンラインで開催された会議の成果文書であり，最近の ESD についての国際的理解を深めるための基本文献として参考にしていただきたい。

執筆者を代表して　鈴木　敏正

目　次

序　章
新グローバル時代の ESD と社会教育・生涯学習

　この序章では，本書で最も基本的なキーワードとなる「持続可能な発展（開発）のための教育 Education for Sustainable Development, ESD」と生涯学習と社会教育について，それらの歴史的経過も念頭に置きながら整理しておく。あらかじめ言えば，本書では，戦後日本の社会教育の理念と実践的蓄積をふまえた新たな発展として生涯学習や ESD を理解する（「社会教育としての生涯学習」「社会教育としての ESD」）。まず ESD から始めて三者相互の関連を，ついで社会教育，生涯学習，ESD という歴史的展開順序に沿ってそれぞれ見ていこう。

　ESD は，17 の目標から成る SDGs（2016-2030）の目標 4「すべての人に包容（包摂）的かつ公正な質の高い教育を確保し，生涯学習の機会を促進する」，とりわけ 4.7「すべての学習者が，持続可能な発展を促進するために必要な知識及び技能を習得できるようにする」に集約されていると言われてきた。ESD はしかし，SDGs の目標の単なる一つではない。それは，SDGs の活動全体にかかわる「生涯学習」であり，さらに，その 17 の目標にはない「現代的人権」（1993 年の世界人権会議「ウィーン宣言」に始まる）や「民主主義」「持続可能な文化」創造（ユネスコが追求してきた「平和文化」の発展）などを含めた，より広い領域にかかわるものである。そのことは，上記目標 4.7 は「持続可能な開発のための教育及び持続可能なライフスタイル，人権，男女の平等，平和及び非暴力的文化の推進，グローバル・シティズンシップ，文化的多様性と文化の持続可能な開発への貢献の理解の教育を通して」推進されるとしているところに表れている。

　「持続可能な発展（SD）」は，「世代間の公正」と「世代内の公正」を基本理

念としてきた。とくに前者にかかわるグローカルな環境問題（自然―人間関係）を克服して「持続可能な未来」を，後者にかかわる格差・貧困・社会的排除問題（人間―社会関係）を克服して「包容的な inclusive 未来」を創造することに取り組んできた。「社会的排除 social exclusion」とは，社会的組織の正当な構成員として形式的・実質的に認められていない状態をいう。「いじめ」によって仲間や学校から排除された児童・生徒に始まり，会社から実質的に排除されている女性や非正規労働者，国家権力によって政治的に，あるいは国際地域紛争によって国を追われた難民・避難民，そしてコロナ禍で自殺に至りかねない孤立・孤独状態におかれた母親や若者など，多様なかたちで存在している。

　環境・経済・社会の全体にかかわるこれら地球的問題群の統合的・包括的解決を目的とするのが，SDGs である。その諸課題に取り組むためには，学習・文化活動にかかわる教育（人間が人間に働きかけ合うという意味で「人間の自己関係」）の新たな発展が不可欠である。ESD は，その活動にかかわる。

　経済的グローバリゼーションの限界は，それを主導してきた多国籍企業・金融資本と超大国アメリカ発の国際金融恐慌＝リーマンショック（2008 年）となって現れ，「ポスト・グローバリゼーション」が多様に議論されるようになってきた。それだけではない。過酷な原発事故を伴う東日本大震災（2011年）や気候危機・異常気象，そしてパンデミックとしての新型コロナ危機は，自然―人間―社会のあり方全体にわたって，われわれのものの見方，考え方，行動の仕方を問い直すことを迫っている。視野を広げて，こうした時代における主要テーマ群の中に SD と ESD を位置づけて示すならば，表序.1 のようである。

表序.1　SD と ESD の位置

	自　　然	人　　間	社　　会
持続可能性	生態系保全	ESD＝人間の持続可能性	SD＝世代間・世代内公正
多様性	生物多様性	多様な個性の相互承認	共生型社会
循環性	再生可能性	生命と生活の再生産	循環型社会

表にみるように，自然・人間・社会の循環性・多様性を基盤にした持続可能性の実現が基本課題である。この表に基づけば，SD を単に資源と自然環境の範囲内の適度な経済成長，むしろ新たな投資チャンスだとしたり（「グリーン・ディール」），資源利用の無駄をなくす 3 R（Reduce, Reuse, Recycle）の活動のことだと考えたりする理解は，いかに狭い視点によるものかがわかる。

　この表をふまえながら，世代間・世代内連帯による教育をとおして「人間の持続可能性」の課題に取り組むのが，ESD である。その前提は「生命と生活の再生産」（安全・安心に暮らし，子育てができること）と，「多様な個性（集団的には相異なる文化）の相互承認」（異質な他者を差別・排除しないこと，SDGs の基本スローガン「誰一人取り残されない！」）である。それでは，「すべての人に包容的かつ公正な質の高い教育」を確保し，「生涯学習の機会を促進」しようとする ESD とは，より具体的にどのようなものか。

　ESD は，「持続可能な発展（開発）に関する世界首脳会議」（ヨハネスブルク・サミット，2002 年）で合意され，ユネスコを中心とした「ESD の 10 年（DESD, 2005-2014）」の世界的キャンペーンをとおして一般に知られるようになった。その経験をふまえてユネスコ総会は「ESD に関するグローバル・アクション・プログラム（GAP）」を採択した（2013 年，日本の実施計画は 2016 年）。DESD の総括会議は日本で開催され，「あいち・なごや宣言」が採択された（2014 年）。くわしくは後述するが，GAP で ESD は「教育及び学習の中核」としての「変革的な参加型教育および学習」で，「フォーマル（定型的），ノンフォーマル（不定型的），インフォーマル（非定型的）な教育，そして幼児から高齢者までの生涯学習」とされている。このような「生涯学習」の重要性は，第 5 回ユネスコ国際成人教育会議「成人学習に関するハンブルク宣言」（1997 年）で確認されていた。

　この宣言で，成人教育は「権利以上のもの」で「21 世紀への鍵」であることが強調された。その際に成人学習は，「定型的で継続的な教育，不定型的な学習，……非定型的および偶発的な学習の全域」を含み，「生活全体をとおした学習」「生涯的な過程」とされていた。「生活全体をとおした学習 learning throughout life」は，国連の 21 世紀教育国際委員会の報告（『学習：秘められた宝』，1996 年）で提起されていた教育原則である。具体的には，①知ること（to know），②なすこと（to do），③人間として生きること（to be），④ともに生きること（to live together）を学ぶ，の 4 つの学び（「学習四本柱」）を統一するもので，21 世紀にはとくに③と④を発展させる必要があるとされていた。

　成人教育・生涯学習は，日本の「社会教育」と重なる部分がある。日本社会教育学会は創立（1954 年）以来「社会教育」の英訳として，直訳すれば「成人教育」となる Adult Education を使用してきた。2003 年からは，Adult and Community Education に変更している。日本の社会教育は大人だけでなく子どもの活動をも対象にし，実践においては地域を基盤にして，あらゆる生活課題や地域課題にかかわる学習を推進してきたという経過をふまえてのことである。しかし，このような「社会教育」を，21 世紀に向けて提起された「生涯学習」に結びつけるためには，いくつかの補助線が必要である。

　日本における「生涯学習」は，1965 年に国連で提起された「生涯教育」を，教育改革論として取り入れ（1971 年中央教育審議会答申および社会教育審議会答申），それを学習者の視点からとらえ直した概念である（1981 年中央教育審議会答申）。具体的には，「生涯学習体系への移行」を打ち出した臨時教育審議会の最終答申（1987 年）をふまえた生涯学習振興法（1990 年）以降に定着してきた。当初は，生涯学習は領域的に社会教育と重なるところが多く，「教え育てる」ような社会教育は大人には不要となった，というような主張（「社会教育終焉論」）もあった。しかし，実際の教育現場では，生涯学習は社会教育を基盤とした活動であり，社会教育はしばしば「生涯学習の扇の要」であると言われてきた。少なくとも，戦後日本における社会教育の理論と実践の蓄積をぬきにして生涯学習の発展を考えることはできない。

序-2　社会教育の理解

　以上の経過を踏まえて本書は，社会教育の発展としての生涯学習すなわち「社会教育としての生涯学習」の視点から ESD をとらえ直していく。あらかじ

め結論的に言えば，21 世紀的生涯学習の基本的視点は，①生涯学習は「人権中の人権」であるという「現代的人権」，②大人の学びと子どもの学びをつなぐ「世代間連帯」，③学習は「社会的実践」であるという「社会参画」，④私と地域と世界をつなぐ「グローカル」，そして，⑤地域生涯教育公共圏を創造する「住民的公共性」である（鈴木敏正『増補改訂版　生涯学習の教育学』北樹出版，2014 年，⑤については本書第 2 章，2 - 4 参照）。まず，前提となる「社会教育」の理解が必要である。

　戦後日本の社会教育は，憲法・教育基本法・社会教育法体制に位置づけられた（憲法・教育基本体制については本シリーズ『持続可能な未来のための教育制度論』参照）。「教育権」は「すべての国民 people の権利」，「人権（社会権）としての教育」となった。言うまでもなく，「すべての国民」には子どもだけでなく大人も含まれる。憲法 26 条「教育を受ける権利」は，英文では「the right to education（教育への権利）」で，まず，「学習の自由」を前提とする「学習権」として理解されるべきものである（くわしくは第 1 章）。教育基本法（1947 年）第 1 条の目的（人格の完成，国家及び社会の形成者，心身ともに健康な国民の育成，など）は大人にも共通する，というよりも大人にこそ必要なものである。

　その方針（第 2 条）は「あらゆる機会，あらゆる場所において実現されなければならない」とされ，事実上，生涯学習の理念が含まれていた。その目的達成には「学問の自由を尊重し，実際生活に即し，自発的精神を養い，自他の敬愛と協力によって，文化の形成と発展に貢献するよう努めなければならない」とされた。今日から見れば，まさに「社会教育としての生涯学習」の方針である。戦後の民主化のためには，法理念の理解だけではなく民主的文化の形成，とくに「生活方法としての民主主義」の体得が必要であった。当時の労働省や厚生省との職掌分担では，文部省は主として「公民教育」を担当するとされた。

　以上の目的・方針のもとに，「社会教育」（教育基本法第 7 条では「家庭教育及び勤労の場所その他社会において行われる教育」）があった。教育基本法の精神を受けて，1949 年，社会教育法（巻末関連資料）が制定された。その対象は，「学校の教育課程に基づく教育」以外の「主として青少年及び成人に対して行

われる組織的教育活動」（第2条）である。この定義は，国際的にはのちに「不定型教育 Non-Formal Education」と呼ばれるものに相当する。この意味での社会教育は，「定型教育 Formal Education」と「非定型教育 Informal Education」をつなぎ，両者を活性化し，関連づけ，全体を構造化するような位置にあり，まさに「生涯学習の要」にあるといえるのである。「青少年及び成人」を対象にしており，ほんらい世代間連帯・協同の実践に開かれていることも重要である。

　社会教育実践の視点から見ると，教育内容は「実際生活に即する文化的教養」（第3条）である。ただし，「実際生活」と「文化的教養」は分裂の可能性があり，実際にその後の高度経済成長時代には，公的社会教育の活動は文化・教養あるいはスポーツ活動に偏っていく傾向があったので，「実際生活に即した」学習，生活課題や地域課題の解決にかかわる学習と「文化的教養」とをどのように関連づけていくかが問われ，多くの実践的経験が積み重ねられてきた。

　社会教育の方法は「施設の設置及び運営，集会の開催，資料の作製，頒布その他の方法」とされ，「あらゆる機会，あらゆる場所を利用して」多様な方法がとられる。教育基本法第7条（社会教育）では，国及び地方公共団体は「図書館，博物館，公民館等の施設の設置，学校の施設の利用その他適当な方法によって教育の目的の実現に努めなければならない」とされている。戦前の「団体教育」への反省から，自由な人格が自由に「公的施設」を利用して行う自主的学習・教育活動が重視されたのである。社会教育法では国及び地方公共団体の任務はすべての国民が「みずから（実際生活に即する文化的教養を）高め得るような環境醸成」（第3条）だとされているが，この「みずから……高め」に，社会教育の本質は国民の「自己教育・相互教育」（当時の文部省社会教育課長・寺中作雄の国会説明）だということが表現されている。

　この「自己教育・相互教育」（あわせて「自己教育活動」という）こそ，学習者みずからが主体的に行う教育活動で，上記の生涯教育3類型（定型・不定型・非定型教育）では「非定型教育」に相当する。つまり，「非定型教育」としての自己教育活動を，不定型教育としての社会教育によって援助・組織化する

ことが社会教育活動の基本的課題となったのである（その国際的意味を含めてくわしくは，鈴木敏正『学校型教育を超えて』北樹出版，1997年）。

　しかし，実際には，自己教育活動が発展する「環境醸成」という行政の任務が徹底されたとは言えない。国民の自己教育活動に対する行政の関与が増大し，社会教育法制度や現実の社会教育行財政も変容し，次節で述べる「生涯学習時代」には公的施設や職員の条件そのものが弱体化していく。これに対して，国民みずから自己教育活動を組織化する「自己教育運動」が展開されてきた。それは1950年代の「共同学習」運動にはじまり，生活記録・生活史学習，民衆大学（生産大学・「私の大学」），地域づくり学習，地域生涯学習計画づくりなど，地域住民と関係職員や研究者の協同として展開していった（第3章参照）。

　かくして，高度経済成長期以降の社会教育は「公的社会教育と自己教育運動の矛盾」の展開として理解される。公的社会教育では，国家的・行政的目的を具体化する活動を進めるか，市民・地域住民の自己教育活動を援助・促進するのかという「内在的矛盾」（小川利夫）が意識されていく。公民と市民，社会的個人と私的個人という内在的矛盾をかかえた地域住民の学習活動（運動）をもふまえ，それらの矛盾を実践的に乗り越えていくような自己教育活動の発展が課題となった。とりわけ「地域づくり学習」，とくに地域住民に内発的で，具体的に地域創造にかかわる「地域創造教育」において問われてきたことである（鈴木敏正『「地域をつくる学び」への道』北樹出版，2000年）。地域創造のためには私的個人の利害を超えた「地域課題」の理解を必要とし，地区や職業や階層などによる対立を克服する協同活動（「地域共創」，1998年生涯学習審議会答申），自治体と地域住民の連携・協力が求められたからである。

　そうした実践は冷戦体制崩壊後のグローバリゼーション時代，とくに地域的・階層的格差の拡大，貧困・社会的排除問題が深刻化する21世紀，地域再生と教育再生を結びつける「地域再生教育」として，世界各地で展開されてきた。後続章では，日本における実際を検討していくが，その前に，グローバリゼーション時代は同時に「生涯学習時代」であったことを理解しておく必要がある。

　「戦後教育の総決算」を標榜した中曽根康弘首相（当時）の諮問機関＝臨時教育審議会（1984-87 年）が，教育改革の方向を「生涯学習体系への移行」と定め，生涯学習振興法（1990 年）が制定されて以後は，教育政策上，「生涯学習時代」だといえる。その後，紆余曲折はあったがついに 2006 年，大幅改定された教育基本法に「生涯学習の理念」（第 3 条）が位置づけられるに至った。

　ここでふまえておくべきは，日本の生涯学習政策によって進められた生涯学習とユネスコを中心として展開されてきた国際的な生涯学習との差異である。

　生涯学習に関する日本の唯一の法律である「生涯学習振興法」（1990 年）には「生涯学習」の定義はない。その条文では教育基本法にはふれられず，教育法というよりも，教育・文化産業などの「民間活力の利用」を重視する産業法としての側面がある。主務官庁は文部省と通産省であり，厚生省・労働省（いずれも当時）などとも連携し，生涯学習は「総合行政」として進められることとなった。社会教育法との関係は不明確で，旧来の教育行政がとってきた「市町村主義」ではなく「都道府県主義」あるいは国家主導のトップダウン的性格が強い。それゆえ，各地域で取り組まれた生涯学習計画策定や生涯学習行政においては，つねに「行政主導か住民主導か」が問われてきた。

　政策的には生涯学習が社会教育よりも優先される中で，各地域に生涯学習が定着していった。新教育基本法（2006 年）で「生涯学習」は，社会教育や学校教育・家庭教育などの上位概念となった。「生涯学習の理念」（第 3 条）は，第一に，「国民一人一人が，自己の人格を磨き，豊かな人生を送ること」という個人主義的学習理解が採られている。第二に，「生涯にわたって，あらゆる機会に，あらゆる場所において学習すること」ができるように，民間活力を利用した学習条件整備を基本としている。そして，第三に，学習の「成果を適切に生かすことができる社会」＝学習社会がめざすべき方向として打ち出されている。

　このような生涯学習の理解は，ユネスコを中心とした国際的な理解や，戦後教育基本法・社会教育法に事実上含まれていた「生涯学習」とは大きく異なる。

国際的には，まず，生涯教育理解の大きな転換があった。日本の政策では，国連総会（1965 年）で「生涯教育」を提起した P. ラングランの個人主義的理念，「教育機会の垂直的（各年齢段階）・水平的（社会的諸領域）な統合」が重視された。しかし，ユネスコでは教育開発国際委員会（通称フォール委員会）報告書『未来の学習』を発表（1972 年），政府間と人々の連帯，民主主義，「人間の完全な実現」のために，全生涯にわたって「人間として生きることを学ぶこと learning to be」ができる社会を実現する生涯教育の必要性を強調していた。

　さらに，その後のユネスコは生涯教育の実践段階に入り，ラングランの後を継いだ E. ジェルピによって「ジェルピ段階」と呼ばれるほどの大きな転換がなされた（ジェルピ／前平泰志編訳『生涯教育』東京創元社，1983 年）。その基本的考え方を要約すると，以下のようである。

　第 1 に，生涯教育への理想主義的あるいは否定主義的アプローチを排して，歴史的・社会科学的アプローチを取っていることである。日本の改定教育基本法における生涯学習理念は理想主義的アプローチの一つであり，教育を排して学習を優先する政策には教育への否定主義的側面を見ることができる。第 2 に，現代の教育構造が人間を「抑圧」する側面を重視していることである。とくに 1970 年代は先進国においても，教育が人々を自由・平等にするというよりも，格差と抑圧を固定化・拡大していることが指摘されていた。それゆえ，第 3 に，「生涯学習は政治的に中立ではない」ことが強調されていることである。人間を「抑圧するか解放するか」の方向性が問われたのである。

　第 4 に，「進歩主義的生涯教育」の 3 要素として，①自己決定学習（self-directed learning），②動機に応える教育，③活動に導く教育が挙げられていることである。②や③は「実際生活に即する」社会教育に関わるものであるが，とくに①は，日本の社会教育の本質＝「自己教育・相互教育」と同主旨のものとして重要である。第 5 に，「教育を主要目的としない」が重要な教育活動を重視し，労働と教育の結合，制度的教育・自己教育・文化的創造活動それぞれの固有の自律的役割を強調していることである。これらは，旧来の教育の枠を超えて，生涯教育を社会教育的に発展させていく「社会教育としての生涯学習」にとって重要な視点であろう。第 6 に，「すべての成人は教育者としての可能性を持っている」という理解のもと，諸個人の教育・文化事業への参加を重視していることである。まさに，地域住民すべてが教育主体であり，自己教育主体として成長していくことが教育自治につながることを指摘していたと言える。

最後に，学習主体としての人間＝人格について，「学習者は抽象的・普遍的個人として理解されるのではなく，歴史的・社会的・実存的文脈の中に位置付けられる人間」だとしていることである。それは，第1の点とあわせて，ジェルピ生涯教育論の根底にあるものであるが，「人格の完成」を目的とする日本の教育・社会教育における「人格」理解の具体化への示唆であったと言える。

　ジェルピの思想は，日本において「社会教育としての生涯教育」を展開するうえで重要な意味を持っていた。それは，ユネスコ第4回国際成人教育会議の「学習権宣言」（「パリ宣言」，1985年）にも生きている。同宣言は，学習活動は「成り行き任せの客体から，自らの歴史をつくる主体に変えていくもの」だという「主体形成の学習」宣言である。それは「人権中の人権」で，それなしには「何人も成長することができない」もの，すなわち人間として生きるために不可欠なもので，あらゆる教育活動の中心にあるものだとされている。

　その権利項目は，次の6つである。すなわち，①社会的動物として不可欠な言語的コミュニケーションのための「読み書きの権利」，②知的動物として成長するための「疑問を持ち，熟慮（探求）する権利」，③自由な実践的主体として「構想し，創造する権利」，④歴史をもつ存在として，さらに個人および集団としてのアイデンティティを形成するための「自分の世界を読み取り，歴史を綴る権利」，以上を具体化するための⑤「あらゆる教育機会に接する権利」，最後に⑥個性的かつ共同的存在として発達するための「個人的・集団的技能を伸ばす権利」である。一般に学習権を⑤に限定して理解する傾向があるなかでは，画期的宣言だった。ここでは，⑥が自己教育・相互教育の展開につながることにも注目しておこう。

　「学習権宣言」（1985年）は，「生涯学習体系への移行」を基本スローガンとして打ち出していく臨時教育審議会（1984～87年）の初期段階で討議・採択されたものである。日本政府も参加し署名しているのであるが，「戦後教育の総決算」をしようとする日本の生涯学習政策に生かされることはなかった。人間的権利としての位置づけも定義もないような既述の生涯学習推進法はもちろん，現行の改定教育基本法（2006年）の「生涯学習の理念」における「学習」理解

とも,「学習権宣言」にいう学習は大きく異なるといえよう。

　もちろん,生涯教育・学習の思想を制度的・実践的に具体化していくという課題があった。ユネスコは世界各地での経験を踏まえて,1997年,第5回国際成人教育会議で「ハンブルク宣言」を採択した。同宣言は,「人間中心的開発と人権への十分な配慮に基づいた参画型社会のみが持続可能で公正な発展をもたらすという,人間的に公正で持続可能な発展」を基本方向として確認している。SD の理念に重なるが,青年・成人教育の目的については,次のように言う。すなわち,「人々と地域社会が当面する諸挑戦に立ち向かうために,自らの運命と社会を統制できるようにすること」だ,と。学習権宣言が生涯教育・学習の理念を提起したものだとすれば,ハンブルク宣言は「人間的に公正で持続可能な」「参画型社会」に向けた「行動提起」の宣言であり,具体的に10 のアジェンダを提示している（鈴木敏正『エンパワーメントの教育学』北樹出版,1999年）。それらは「21 世紀への鍵」となる成人学習の提起であり,ヨハネスブルク・サミット（2002 年）で合意される ESD の課題にもつながるものであった。

　しかし,日本政府はこの間,グローバルな「大競争」に打ち勝つための「人材」育成を中心にした,市場原理に基づく「新自由主義的教育改革」を推進してきた。政策に取り入れられていくのは,上述のようなユネスコの生涯教育・学習論ではなく,知識基盤社会における「コンピテンシー（遂行能力）」「被雇用能力 employability」形成論など,経済開発協力機構（OECD）や EU の学習理論である。現行学習指導要領にも取り入られた,OECD 発の 21 世紀的学習論の特徴と問題点については,本シリーズ『教育の課程と方法―持続可能で包容的な未来のために』を参照されたい。

序-4　「持続可能で包容的な」将来社会へ

　序-1 で述べたように,経済的グローバリゼーションがもたらした「双子の基本問題」は,グローカルな環境・資源問題と貧困・社会的排除問題である。前者は自然―人間関係の基本問題で,教育の領域では主として環境教育として

取り組まれてきた。後者は人間―社会関係の基本問題であり,「開発教育」(人権, 平和, 貧困, ジェンダー, 多文化教育などを含む) として展開されてきた。「世代間・世代内の公正」を実現する社会に向けて, 環境教育と開発教育を実践的に統一しようとする新たな教育運動が ESD だといえる (鈴木敏正・佐藤真久・田中治彦編『環境教育と開発教育』筑波書房, 2014 年)。「持続可能で包容的な社会」づくりを統合的に進める学びが求められた。国連発「21 世紀型学習」の「学習四本柱」に「ともに世界をつくること (to create our world) を学ぶ」を加えた「学習五本柱」を推進することが実践的課題となってきたのである。

ユネスコの第 6 回国際成人教育会議 (CONFIENTEA Ⅵ, 2009 年) は, ハンブルク宣言 (1997 年) をふまえ, さらに 21 世紀の参画型民主主義の発展に寄与しようとする「ベレン行動枠組」を発表した。そこで生涯学習とは「包容的で解放的, 人間的, 民主的な諸価値に基礎をおくあらゆる形態の教育の哲学であり, 概念的枠組み」とされた。成人の学習と教育は, 人々が「自分たちの運命をコントロールするために必要な知識・潜在能力・技能・遂行能力・価値」を備えさせるものであり,「公正と包摂 (包容) の実現, 貧困の軽減, 公平・平等・寛容・持続可能で知識を基盤とした諸コミュニティの構築」にとって不可欠なものだという。注目される勧告は,「参加, 包摂 (包容), 公正」である。

ESD の「原則」は, 2013 年のユネスコ総会で採択された「グローバル・アクション・プログラム (GAP)」で示された。すなわち, (a) 万人が SD に向けた意思決定と行動をとることを可能とする「知識, 技能, 価値観および態度」を得るようにするもの, (b) 革新的な参加型教育・学習, (c) 権利に基づく質の高い教育・学習, (d) 社会を SD へと方向づける, 教育・学習の中核となる「変革的な教育」, (e) 環境・社会・経済の柱となる統合的なものであると同時に, 地域の特性に応じた文化的多様性の尊重, (f) 定型的, 不定型的, 非定型的, そして幼児から高齢者までの教育を含む生涯学習, (g) ESD と言わなくとも, 上記の原則に基づくすべての活動を含む, である。

とくに (a) や (c) に見られる普遍的権利を重視する一方で, (e) のように「ローカルな文化と知」を尊重しつつ, (b) で①批判的思考, ②複雑な

システム思考，③未来を想像する力，④参加・協働型意思決定などの向上を図るとされていることが重要である。そのような ESD は，（ f ）や（ g ）で明らかなように，あらたに「生涯学習の構造化」をはかるものである。（ d ）でESD は，教育・学習の中核となる「変革的な transformative 教育」だとされていることは，新グローバル時代への実践としての ESD の特徴を示すものである。

DESD の総括として位置づけられた「ESD 世界会議」の「あいち・なごや宣言」（2014 年）は，GAP の理念と優先行動分野をふまえながら，「学習者自身および学習者が暮らす社会を変容＝変革 transform させる力を与える ESDの可能性を重視」（宣言 8 ）していた。「ハンブルク宣言」（1997 年）や「学習権宣言」（1985 年）の発展と考えられるが，「自分とまわりの世界を同時に変える学習」は，戦後日本の自己教育運動（とくに青年や女性の学習）でも実践的蓄積がある。まさに，「社会教育としての ESD」の出番である。第 7 回国際成人教育会議は，「マラケシュ行動枠組：成人学習・教育の変革力を実装する harnessing the transformational power」を採択した（2022 年 6 月）。

GAP の ESD 原則は，最近のユネスコ世界会議「ESD に関するベルリン宣言」（2021 年，巻末関連資料）にも受け継がれているが，コロナ危機と国際的分断・対立に直面して，新たな挑戦を受けている。ESD は「批判的思考や協調・課題解決能力，複雑さやリスクへの対応力，レジリエンスの強化，体系的かつ創造的に思考する力といった認知的・非認知的能力を培うこと」を可能にするものとされ，「責任ある行動的なグローバル市民」が提起されている。注目すべきは，大災害やパンデミックに対応するレジリエンス（復元力）向上の学び（具体的には第 7 章参照）と，「ESD ＋ GCED」を進める「グローバル市民性教育」の提起だといえよう。新たな実施枠組「ESD for 2030」（ユネスコ総会採択，2019 年）の下で，具体的な行動へのロードマップも示された。しかし，DESDを提起し，その総括会議を日本で開催したはずの日本政府の取り組みは大きく立ち遅れている。

ESD はまず，環境教育促進法（2011 年）で位置づけられた。そこで環境教

育とは「持続可能な社会の構築を目指して，家庭，学校，職場，地域その他あらゆる場所において，環境と社会，経済及び文化とのつながりその他環境の保全についての理解を深めるために行われる環境の保全に関する教育及び学習」とされた。しかし，同法は「環境基本法」(1993年)が前提で，教育基本法に基づく「教育法」ではない。課題解決への「協働取組」を位置づけたことは重要であるが，格差・貧困・社会的排除問題などの社会問題の位置づけは弱く，社会教育・生涯学習としてのESDの具体的な政策は貧弱であると言わざるを得ない。

　学校教育では，SDGsと同様に2030年を目途とする現行学習指導要領の前文で「よりよい学校教育を通してよりよい社会を創るという理念を学校と社会が共有」「持続可能な社会の創り手」の育成が掲げられた。これに比して社会教育・生涯学習の領域では，ESDが十分位置づけられているとはいえない。社会教育・生涯学習そのものの法的・行財政的位置づけが後退し，文科省の生涯学習政策局と社会教育課を廃止して総合教育政策局・生涯学習課にする機構改革も進められた(2018年)。こうした状況で期待されるのは，コミュニティ・スクールや地域・学校協働活動などによる世代間交流・協働実践の動向である。

　しかしながら，そうしたなかでも，DESD総括会議の一翼を担った岡山市をはじめ，地域の社会教育・公民館を中心にしたESDの取り組みがあり，ESDを掲げなくとも実質的にESD活動をしている地域は多い。すでにSDGs各目標に即した諸実践が紹介されているが(日本環境教育学会監修『知る・わかる・伝えるSDGs I〜IV』学文社，2022年)，そこには多様な社会教育実践が含まれている。あらためて，戦後日本の「社会教育としての生涯学習」の理論的・実践的蓄積をふまえて，ESDから社会教育・生涯学習へ，社会教育・生涯学習からESDへの双方向で相互豊穣的推進がなされる必要がある。

　「持続可能で包容的な社会」構築に向けて，ローカル(基礎自治体レベル)を基本に，全国そして世界の各地で，世代間連帯で取り組まれている「ともに世界をつくる学び」を育てる教育実践の相互交流，ネットワーク化をすることも

当面する課題である。それは,「グローバル市民性教育」の基本活動となろう。

▰ 読者のための参考文献 ▰

・蟹江憲史『SDGs（持続可能な開発目標）』中公新書，2020 年
・北村友人・佐藤真久・佐藤学『SDGs 時代の教育―すべての人に質の高い学びの機会を』学文社，2019 年
・日本社会教育学会編『社会教育としての ESD―持続可能な地域をつくる』東洋館出版社，2015 年
・鈴木敏正『将来社会への学び― 3・11 後社会教育と ESD と「実践の学」』筑波書房，2016 年
・佐藤一子・大安喜一・丸山英樹編『共生への学びを拓く―SDGs とグローバルな学び』エイデル研究所，2022 年

第1章
社会教育の「自由」を考える

　「九条俳句」訴訟は，2018年5月18日に東京高等裁判所で判決が言い渡された。1審からさらに踏み込んだ表現で「住民が公民館を利用することについて，不当な差別的取扱いをしてはならない」とし，「原告は，人格的利益を侵害された」と認め，被告（さいたま市）に慰謝料の支払いを課した。さらに同年12月20日には最高裁第一小法廷が原告・被告双方の上告を棄却し，東京高裁の判決が確定した。その後，さいたま市は原告女性の要求に応えて，公民館だよりへの俳句の掲載を認めた。

　社会教育における学習権をめぐる初めての裁判で，1審・2審ともに自治体が公共の場における市民の学習・表現の自由を制限することを違法とみなした事実は重い。生涯学習社会の実現のためには，まず何よりも一人ひとりの個人が自由に自らの意見を述べ，学び，表現できる公共の場が必要となる。

1-1　公民館における政治的中立性はどう解釈されるのか

　社会教育法第23条には公民館の運営方針が規定されており，公民館で「行ってはならない」行為として「特定の政党の利害に関する事業を行い，又は公私の選挙に関し，特定の候補者を応援すること」（法第23条第1項第2号）が明示されている。この条文の解釈について，文科省総合政策局地域学習推進課は「社会教育法第23条第1項の解釈の周知について（依頼）」という文書（2018年12月21日）を出し，「本規定の趣旨は，公民館の政治的中立性を確保するために設けられているものであり，たとえば，特定の政党に特に有利又は不利な条件で利用させることや，特定の政党に偏って利用させるようなことは許されないが，公民館を政党又は政治家に利用させることを一般的に禁止するものではない」と説明した。こうした解釈は，この時に初めて出されたもので

はなく，安倍内閣は「衆議院議員福田昭夫君提出市町村立公民館を政党又は政治家に貸し出す事に関する質問に対する答弁書」（2015 年 6 月 19 日　質問第 266号）において，文科省通知と同じ文面を公表していた。

　さらに，この条文の解釈は社会教育法制定の当初から存在していた。公民館研究会『公民館質疑応答集』（全日本社会教育連合会，1953 年 5 月 25 日）にも，「公民館の施設を政党主催の講演会に貸すことはさしつかえないでしょうか」との問いに対して，「公民館の施設を政党主催の講演会に貸すことも特定政党に偏せず各政党平等の原則を堅持しうる限り，かりに一政党に使用させる場合でも差支えありません」と答えている。ただし，その前提として「公民館が特定の政党の利害に関する事業を行い，または公私の選挙に関し特定の候補者を支持することは市町村の設置する公民館と法人の設置する公民館を問わず禁止されています（社教法第 23 条）。従ってたとえ一村ことごとくある特定政党に所属している場合でも公民館がその政党のための宣伝場にならぬよう注意することが肝要であり，また一候補者のために公民館の名において聴衆を集めるようなこと，公私の選挙に公民館として特定の候補者を推せんする意思を表明することは厳に戒められなければなりません。」との条件をつけている。とはいえ，「良識ある公民たるに必要な政治的教育は教育上これを尊重しなければならず（教育基本法第 8 条政治教育），その政治的教養は単なる投票率の向上に止まらず自主的な判断力，批判力をやしない，真の意味の公明選挙の啓蒙に培うことはむしろ必要なこと」であり，「公民館が主体となって各政党の立会演説会または各政党の人々が参加する討論会を行うこともこの趣旨にそうものである限り差支えありませんが，何の場合においても公民館職員の一方的判断に陥ることのないようにし世論の動向と共に公民館運営審議会等において十分な審議研究をしこれらの処理について遺憾のないよう検討しておくことが必要でありましょう。（公職選挙法第 166 条及び第 164 条の 3）」と述べている。

　このように，公民館における政治活動（政党や候補者等の利用）は認められており，社会教育法第 23 条第 1 項第 2 号の条文に「特定の政党」「特定の候補者」と記されていることを無視して，政治活動そのものが禁止されているかの

ように解釈・運用することは明かな誤りであるといえる。むしろ，憲法におい
て「主権者」とされている国民が公民館で自由に学び，議論することは，教育
基本法で保障された「政治的教育」を尊重するためにも不可欠のものであると
考えられる。この公民館における市民の政治活動や文化活動に対する誤った解
釈に基づく制限が法廷の場で争われたものが，いわゆる「九条俳句」訴訟と呼
ばれるものである。

1-2 「九条俳句」訴訟にはどのような意義があったのか

（1）「九条俳句」訴訟とは

　いわゆる「九条俳句」訴訟の経緯と判例の意義について社会教育関係者によ
る出版物があるが，ここでは憲法学者・川岸令和による「『9条俳句訴訟』控
訴審判決」（2019 年 5 月 20 日_Jurist_No.1631）の解説をもとに経緯を振り返る。
　2014 年 6 月にさいたま市立三橋公民館の「公民館だより」に，俳句会が推
薦した俳句が掲載を拒否されたことに始まる。地域の住民が毎月，公民館を利
用して句会を開催し，最も優れた「秀句」を公民館が発行するたよりに推薦し
て掲載されていた。句会が推薦した俳句はそれまで 3 年 8 ヵ月間にわたって毎
月掲載されていたが，公民館は「梅雨空に　『九条守れ』の女性デモ」という
句を公民館の中立性・公平性と相容れないとして掲載を拒否した。これに対し
て，俳句の作者は，①俳句を本件たよりに掲載すること，②公民館が俳句をた
よりに掲載しなかったことにより精神的苦痛を受けたと主張し，国家賠償法第
1 条 1 項に基づき慰謝料を請求した。
　第 1 審・さいたま地裁は，5 万円の損害賠償を認めたが，俳句掲載請求権は
棄却した。そこで，控訴審で作者は，③公民館職員による名誉毀損を理由に名
誉回復措置の請求を追加した。
　控訴審・東京高裁は作者の請求に対して，「一部棄却，一部変更」の判決を
下した。①の掲載請求を棄却したものの，②について作者の人格的利益の侵害
を認定したのである。「まず，社会教育法 20 条・3 条 1 項・5 条，地方自治法
244 条 3 項によりつつ，公民館の施設としての目的・位置づけを明確にする。

『公民館は，住民の教養の向上，文化生活の振興，社会福祉の増進に寄与すること等を目的とする公的な場ということができ，公民館の職員は，公民館が……［その］目的・役割を果たせるように，住民の公民館の利用を通じた社会教育活動の実現につき，これを公正に取り扱うべき職務上の義務を負うものというべきである』。『そして，公民館の職員が，住民の公民館の利用を通じた社会教育活動の一環としてなされた学習成果の発表行為につき，その思想，信条を理由に他の住民と比較して不公正な扱いをしたときは，その学習成果を発表した住民の思想の自由，表現の自由が憲法上保障された基本的人権であり，最大限尊重されるべきものであることからすると，当該住民の人格的利益を侵害するものとして国家賠償法上違法となる』」として慰謝料の支払いを命じた。

　ここで注目されるのは，公民館職員がそれまでの他の俳句とは異なる取扱い（たよりに掲載しない）の理由として「俳句の内容」に着目していることであり，個人の「思想，信条を理由に，これまでの他の住民が著作した秀句の取扱いと異なる不公正な取扱いをし」たことで，作者の人格的利益を違法に侵害したと認めていることである。さらに，「俳句をたよりに掲載することが，直ちに三橋公民館の中立性，公平性及び公正性を害するということはできない」のであり，「ある事柄に関して意見の対立があることを理由に，公民館がその事柄に関する意見を含む住民の学習成果を全て本件たよりの掲載から排除することは，そのような意見を含まない他の住民の学習成果の発表行為と比較して不公正な取扱いとして許されない」としていることである。

　こうして「九条俳句」訴訟は，公民館の政治的中立性について「特定の政党に特に有利又は不利な条件で利用させることや，特定の政党に偏って利用させるようなことは許されない」という立場から，個人（利用者）の「思想，信条を理由に不公正な取扱いをしてはならない」という解釈を確立したものであるといえる。公民館における利用者の活動内容（主張）に着目して拒否・排除することはできず，公民館職員は「公正に取り扱うべき職務上の義務を負う」のである。表1.1に，「九条俳句」市民応援団の活動の経緯を記した。

表1.1　九条俳句市民応援団の活動の経緯

日付	活動内容
2014年7月7日	事件を知った市民8人がさいたま市生涯学習センターに申入れ
2014年7月13日	公民館だより掲載拒否を考える集い（仮）準備会議（注1）
2014年7月25日	「公民館だより掲載拒否」を考える市民の集い開催120名参加（注2）
2014年9月27日	「俳句掲載拒否を考える市民の集い Part 2」開催。160名参加
2014年11月20日	「俳句掲載拒否を考える市民の集い Part 3」開催
2015年6月10日	《九条俳句を考える》市民の集い開催。100名参加（注3）
	「九条俳句」違憲国賠訴訟　提訴
2015年7月4日	「九条俳句」市民応援団スタート集会開催。100名を超す参加
2015年9月25日	さいたま地方裁判所で第1回口頭弁論。原告および弁護団が意見陳述。裁判終了後報告会。100名参加
2015年12月11日	第2回口頭弁論。さいたま市から第1回口頭弁論時に出された答弁書に反論しつつ，法的根拠を整理した陳述を弁護団が行った。報告会に100名参加
2016年1月29日	第3回口頭弁論。報告会に80名参加
2016年3月25日	第4回口頭弁論・報告会
2016年5月20日	第5回口頭弁論・報告会
2016年6月25日	「九条俳句」1周年の集い　ドキュメント「ハトは泣いている」上映（140名）
2016年7月8日	第6回口頭弁論・報告会
2016年10月14日	第7回口頭弁論・報告会（70名）
2016年10月26日	ドキュメント映画「ハトは泣いている」三橋公民館で上映（40名）
2016年11月3日	埼玉大学で第1回「車座〈暮らしと社会〉ガク」・テーマ：「表現する」ことの意味で「ハトは泣いている」上映と交流（40名）
2016年12月9日	第8回口頭弁論・報告会
2017年1月20日	第9回口頭弁論（証人尋問）・報告会（70名）

2017 年 3 月 10 日	第 10 回口頭弁論（証人尋問）・報告会（70 名）
2017 年 4 月 28 日	第 11 回口頭弁論　最終証人尋問　原告・作者（80 名）
2017 年 7 月 28 日	第 12 回口頭弁論　最終弁論（結審）・報告会
2017 年 9 月 6 日	裁判勝利へ！　市民のつどい
2017 年 10 月 13 日	さいたま地裁判決・さいたま市敗訴!!　報告会
2017 年 10 月 24 日	原告控訴　「九条俳句」判決報告会
2018 年 1 月 26 日	第 1 回こうみんかんカフェ『わたしたちの公民館。これから〜「九条俳句」さいたま地裁　判決から考える〜』（主催「みんカフェ運営委員会」）
2018 年 1 月 31 日	日本ペンクラブ言論表現委員会シンポジウム『忖度』が奪う表現の自由
2018 年 2 月 17 日	東京三鷹・武蔵野芸術劇場「ハトは泣いている」上原公子講演（65 名）
2018 年 3 月 1 日	東京高裁第 1 回口頭弁論。結審。口頭弁論報告会（100 名）
2018 年 3 月 9 日	さいたま市での報告会（第 2 回こうみんかんカフェ）
2018 年 4 月 28 日	「九条俳句」東京高裁勝利判決へ！　東京集会
2018 年 5 月 18 日	東京高裁判決。勝訴！　パレード・報告会
2018 年 6 月 9 日	さいたま市での判決報告会（さいたま市・鈴谷公民館）
2018 年 6 月 22 日	第 3 回こうみんかんカフェ
2018 年 9 月 2 日	「九条俳句」上告から 今何を！（市民集会　さいたま市産業文化センター）
2018 年 10 月 24 日	西東京市柳沢公民館を訪ねる
2018 年 11 月 14 日	「九条俳句」掲載を求める市民集会
2018 年 12 月 21 日	「九条俳句」掲載を求める 12 月行動へ（さいたま市役所　表現スタンディング）
2019 年 1 月 28 日	「九条俳句」報告市民集会

注 1　呼びかけは 7 月 10 日。
　 2　さいたま市（教育委員会）にも出席を要請したが来ず。
　 3　チラシは「2015.6.10 市民の集い〜「公民館」のあり方を問う〜」。
出所：九条俳句市民応援団 HP より　岩松真紀作表。

（2）学習権と「表現の自由」

　いわゆる「九条俳句」訴訟の特徴は，職員の不当配転問題以外で住民の学習権が問われた初めての裁判であるとともに，作者（原告）と弁護団を支える幅広いネットワークが形成されたことである。「俳句作者・原告と共に歩んできた市民応援団の存在，さらに日本社会教育学会など4団体の社会教育研究者・職員のグループが弁護団と連携しながら公民館における『学習の自由』を問い続けてきたこと」（佐藤一子「九条俳句訴訟から学習権・表現の自由を考える」，佐藤ほか編『九条俳句訴訟と公民館の自由』エイデル研究所，2018年）である。

　佐藤は，九条俳句を不掲載とすることで5つの権利侵害（学習権，表現の自由，掲載請求権，人格権，公の施設利用権）があったと訴状を紹介している。そのうえで「特に注目されるのは，旭川学テ訴訟最高裁判決をひきながら『大人の学習権ないし社会教育の自由』という独自の視点を提起したことである。これに関して，表現の自由（憲法21条），人格権（憲法13条），学問の自由（憲法23条），教育を受ける権利（憲法26条），教育行政の中立性（教育基本法16条），学習の自由（社会教育法12条）による法理を構築するとともに，専門家意見書によりながら社会教育における学習の特質と公民館だよりの性格を掘り下げ，『学習権』と『表現の自由』の密接な関連性を主張している」と指摘した（佐藤，前掲書）。

　こうした学習権と表現の自由との関係を，原告弁護団の久保田弁護士・石川弁護士は端的に次のように表現している。「市民の学習活動や言論活動に，公権力が介入するということはおよそあってはならず，そのため，憲法は検閲を禁止し，表現の自由や集会の自由を最大限保障している。表現の自由や集会の自由，そして，市民が自由に討論・学習する自由は，健全な民主主義が機能するためには，極めて重要な基本的人権であることは当然のことである。また，自由な学習を行い，表現活動を認めることは，個人の人格的成長・発展のためにも不可欠であり，行政がこれに介入することは憲法違反となるはずである」（久保田和志・石川智士「口頭弁論の論点と控訴審への課題」，佐藤，前掲書）。弁護団が，この「表現の自由」侵害の理論的な根拠の一つとしたものが，パブリッ

ク・フォーラムの法理である。一般的には「表現の自由」が国家「からの」自由を想定しているものの，「本来の利用目的は別であっても，同時に表現活動にも利用できるような公共的な場においては，公権力は表現の自由を最大限尊重しなければならず，原則としてこれを表現のために利用させる状態に置くことが必要だと考えられている」（久保田和志・石川智士）とする解釈である。

　表現の「場」に注目すると，公民館が俳句会に学習の成果の発表の場として提供してきた「公民館だより」のスペースはパブリック・フォーラムといえる。これに対して公民館が掲載を拒否したという行為は，社会教育法における（少なくとも）第12条「国及び地方公共団体は，社会教育関係団体に対し，いかなる方法によっても，不当に統制的支配を及ぼし，又はその事業に干渉を加えてはならない」，第9条の3「社会教育主事は，社会教育を行う者に専門的技術的な助言と指導を与える。ただし，命令及び監督をしてはならない」に違反しているといえるのである。

（3）「公民館だより」の評価

　2018年末の最高裁判決によって作者（原告）の「勝訴」が確定したものの，「公民館だより」への掲載を求める主張が認められたわけではない。結果として判決の確定後に，さいたま市は九条俳句の「公民館だより」への掲載を認めているが，その法的位置づけと性格の評価は残された課題となっている。

　長澤成次は自治体広報誌と公民館報（公民館だより）の性格の違いを公民館研究会編『公民館質疑応答集　第1集・行財政編』（1958年）を引用して，次のように説明している（長澤成次「住民自治に根ざす公民館運営と公民館だより」，佐藤，前掲書）。

　「問　市町村報と公民館報を一本にするのはどうでしょうか。

　答　市町村報は，条例，規則，告示等公示を要するものについて住民一般に公表したり，その他市町村行政の施策を住民一般に知らせることを目的とする定期刊行物であり，一方公民館報は，公民館の事業を住民に広く知らせると同時に各種の情報や資料（市町村当局の情報資料も含む）を提供し，併せて住民の

社会教育に資することを目的とする定期刊行物であります。両者の性格は以上のようなものでありますので，一部分については重複したり，相関連したりするところもありますが，本質的に目的及び性格が異なっておりますので，公民館報は市町村報と切り離し，充分教育的な配慮の下に自主的に刊行し配布するのがよいように考えられます。なお，公民館報の刊行・配布に当たっては，社会教育法第七条及び第八条の趣旨に基いて，教育委員会と市町村長が緊密に連絡協力し合うことが望まれるわけです。」（傍点は長澤）

　さらに長澤は，さいたま市の答弁書（第2回口頭弁論）における主張を，以下の3点において批判している。

　①「公民館だより」を社会教育法第5条（市町村の教育委員会の事務）16号（社会教育に関する情報の収集，整理及び提供に関すること）に位置づけていることは誤りである。社会教育法は，第5条と第22条（公民館の事業）を区分しており，「公民館における事業の実施についてはできるだけ公民館の主体性を尊重すべきで，行政当局の意思を一方的に住民に押し付ける結果に陥らぬようにすること」（「社会教育法令の解釈指導について（回答）」1951年6月29日地社第16号　文部省社会教育局長より）が重要であると指摘している。

　②「公民館だより」の発行が，拠点公民館（桜木公民館）館長の専決の権限に委ねられているとする解釈は誤りである。「さいたま市公民館条例施行規則」（2003年3月27日　教育委員会規則第16条）において，地区公民館（三橋公民館等）の所掌事務として「（2）地区公民館の事業の実施に関すること」があり，地区公民館事業の一環として「公民館だより」の発行が自律的に行われ，発行主体も「発行　さいたま市立三橋公民館」と明記されているのである。

　③「公民館だより」が「事業の案内を広報する刊行物」であって，「学習活動を発表する役割まで担っているものではない」とする理解は誤りである。実際に「三橋公民館だより」の紙面には「学習成果の発表」「学習機会提供」「学習支援」の役割があり，第6期さいたま市公民館運営審議会答申においても「学習活動の現状や成果の紹介」等の必要性を指摘してきた。

　「九条俳句」訴訟の弁護団と連携しながら「学習の自由と公民館」に関する教育研究団体等連絡会議の構成団体として研究を進めてきた組織の一つが，日本社会教育学会プロジェクト研究「『学習の自由』と社会教育」（2016年10月―2019年9月）であった。その研究の成果が，日本社会教育学会編『日本の社会教育　第64集「学習の自由」と社会教育』（東洋館出版社，2020年）としてまとめられている。

（1）「国民の学習権・学習の自由」と社会教育内容編成

　佐藤一子は，九条俳句訴訟の判決が戦後社会教育で問われ続けてきた「国民の学習権と学習の自由」についての明確な司法判断を示した「画期的な判決」であるとしたうえで，それを保障する社会教育内容編成のあり方を検討した。

　そもそも社会教育法の実質的な起草者とされる寺中作雄が法の理念を「社会教育は本来国民の自己教育であり，相互教育であって……国家の任務は国民の自由な社会教育活動に対する側面からの援助であり，奨励であり，且つ奉仕であるべき」（寺中『社会教育法解説』，1949年）と解説していることを引いたうえで，通説として法第3条に基づく非権力的な助長行政としての性格により「社会教育の自由」が保障されてきたと指摘する。その後，社会教育関係団体への補助金支出を認める社会教育法改正（1959年）を機に「権利としての社会教育」論を構築する研究が本格化したとする。その代表者として小川利夫の主張を，①「社会教育の自由」の自由権的理解を「文化的生存権」として再定義したこと，②社会教育の外在的矛盾と内在的矛盾の構造に注目して国民の教育要求に基づく「社会教育活動」を学習権保障の中心課題に据えたこと，③「権利としての社会教育」の要点を旧教育基本法7条（現12条）の社会教育の「国民的解釈」と旧法8条（現14条）の「良識ある公民たるに必要な政治的教養」の問題としたこと，の3点にまとめたうえで，「学習の主体に即した学習内容編成論への視点」の深化が問われていると述べたことを指摘した。

そして，「権利としての社会教育」の実現を保障するものとして，いわゆる「４つのテーゼ」と呼ばれる枚方市教育委員会「社会教育を全ての市民に」（1963年），三多摩社会教育懇談会・小川利夫「都市社会教育論の構想（公民館三階建て論）」（1964年），長野県飯田・下伊那主事会「公民館主事の性格と役割」（1965年），東京都教育庁社会教育部「新しい公民館像をめざして」（1974年）が全国の社会教育運動を発展させてきたとする。

　こうした国民の自己教育運動と自治体社会教育の民主化運動が進むなかで，日教組教育制度検討委員会での議論のように憲法26条（教育を受ける権利）を「国民の学習権」ととらえ直し「人権中の人権」であるとする提起がなされた。「『国民の学習権』は，基本的人権に属するものであり，国民の生存権，発達権，幸福追求の権利，労働の権利と固く結びついた権利であり，すべての国民の『探求の自由』，『真実への権利』と不可欠のものである」。「国民の学習は，子どもや青年にとっては，人間的な成長・発達に不可欠な学習への権利であり，成人にとっては，不断の自己教育の権利であり……専門的学問・研究の自由と，その社会的責任の視点をふくむものである」（小川，前掲書）。憲法23条「学問の自由」を「国民の学習権」の要点の一つとすることで，「知る権利」との関連性が重視され，主体的な「探究の自由」としての政治的・社会的な学習が意義づけられる現代的な人権教育思想につながるものであるとする。そのうえで，「学習の自由」を前提とした学習内容編成への住民参加の保障や，「現代的課題に関する学習」における社会教育の「公共性」の視点が重要になってきていると指摘している。

（2）「学習の自由」の原理的探求

　「学習の自由」と社会教育との関係について原理的な探求をしているのが，憲法学者の川岸令和である。まず，「権力の制限と創出という相矛盾する対応」を求められている現代の立憲主義（立憲主義の現代的変容）の性格をふまえたうえで，当初の立憲主義において「私事」として憲法上の権利とされなかった教育が，表現の自由の領域で説かれる「思想の自由市場論」に適合するのかが

問われる。これに対して「むしろ基本的な教育に関しては，人格形成途上の個人を想定するゆえに，違った対応がとられることになる。つまり，公権力が教育に対して責任を持つ制度が広く認められるのである」とする。教育における便益が個人にとどまらずに，「社会の文化的・科学的・経済的発展」につながるという性格を「教育の公共財としての性格」と評価する。これは「教育の公共性」とも呼ばれ，「人々が共通に不可欠とするものである限り，その提供はその性質に沿った適切な水準で公平適正になされなければならない」のである。

　こうした枠組みを前提に，川岸は旭川学力テスト事件最高裁判決が国家教育権論と国民教育権論の双方とも退けて，憲法26条の保障する教育を受ける権利の背後に「国民各自が，一個の人間として，また，一市民として，成長，発達し，自己の人格を完成，実現するために必要な学習をする固有の権利を有する」としたことに注目する。「学習権概念は，教育を施す側からだけではなく，教育を受ける側からの視点を普通にし，また，教育を受動的に享受することから，能動的に学習することへの力点の移動を可能にした。教育を子ども限定的なものから解放し，大人も含めて，一個人として自己の人格の形成・完成を求める人間の精神的な営みととらえる視座を最高裁が提供したことは決定的に重要である。」(川岸「『学習の自由』と社会教育」，日本社会教育学会編，前掲書)

　しかしながら，国家教育権と国民教育権とが正面から対立するととらえることは「ミスリーディング」であり，「国家の方はあくまでも教育に関する権能が問題となるのであって，権利では決してあり得ない。他方，国民の側は疑いもなく権利の問題であって，教育の自由の問題である。つまり，両者は位相が異なる事項なのである」と指摘する。「こうした学習権の主体性という視点は，一定の人格的発達を経た大人の場合は，より一層重要となる。ある程度の教育を既に受け，それなりの人格形成をなした者が必要を感じて教育を受けようとするわけであるから，自由の側面こそがより強調されなければならないであろう。普通の人間の一生では，人格は完成することはないであろう。だからこそ，逆に，どんなに年齢を重ねても，学ぶことはなくならないのである。……学習権の主体の働きかけが決定的に重視され，主体の自由な意思に基づいた学習の

計画が大きな意味をもつのである。」その意味で，「旭川学力テスト事件最高裁判決で示された学習権構想は，人の生涯にわたる学習を包含する者であり，憲法の有権的解釈権者による認定によって，社会教育は憲法的基礎をより確実なものにしている」と評価する。社会教育法の条文から「公権力は社会教育の枠組みを準備・提供するのが主な役割であり，指導や助言をすることはあっても，教育内容に直接介入することは想定されていない。外的側面の支援はまさに公権力がよくなし得るところである」とする。

　そして，「公共の意思決定において，……精神の自由な活動と結びつく教育や学習の内容は公権力による直接的な決定から距離を取ることが望ましいであろう。教育の内容の決定については，専門的知見が疑いもなく重要であるが，社会教育においては学習の自由の側面が強調されるとすれば，教育を受けたいと思う者の参加の契機も肝要となる。その参加は，専門家との協働関係によって充実されることで，参加者の放縦とは違う規範的な意味での幸福の追求の実現に繋がるであろう。」さらに，公民館等が「公の施設」であることに注目し，地方自治法 244 条の規定を「防御権」としてのみ理解するのではなく，「公の施設であれば，不当な差別の禁止や制限の正当な理由の探求を通じて，学習の自由と密接に結びついている表現活動の積極的な保障を促すことが可能となり得るのである。公の施設はまさしくパブリック・フォーラムであり，人が出会い意見や見解を自由に交換する空間である。」

（3）九条俳句訴訟と社会教育研究の課題

　姉崎洋一は，九条俳句訴訟が「学習の自由＝社会教育の自由をまもるたたかいであると同時に，日本国民の憲法意識の琴線にふれる訴訟でもあった」としたうえで，その意義を，①社会教育における「初の憲法裁判・教育法裁判」であったこと，②「大人（市民）の学習権」（26 条）の具体的保障を問う裁判（学習権，人格権）であったこと，③社会教育施設（公民館）の自由，教育自治，政治的中立性，公共性を問う裁判であったこと，④市民運動として社会教育への「公平性」「公共性」を憲法的権利として問う裁判であったこと，と整理している。

そのうえで，次のようにまとめている。①人々の「学びの保障」を「学校」の役割を再確認しつつも，それを超えて，それ以外の学びの空間や機会の保障を法的にあらためて確認した意義が大きい。②「社会教育の権利」（あらゆる場での学習の自由）は「学習権」として生きるうえで不可欠で譲ることのできないものであり，人間的な幸福追求権（憲法 13 条）と一体のものと考えることが求められている。③社会教育の法と制度の解体・破壊に対する多様な取り組みが決定的に重要になっている。その意味で，「市民教育・主権者教育（citizenship education）では，あらためて『枚方テーゼ』（1963 年）の再定義が必要になっている」とした。

1-4　これから「社会教育の自由」はどう語られるのか

ここまで九条俳句訴訟を中心に「社会教育の自由」について，その現代的な論理と意義を見てきた。しかし，それは戦後社会教育の基本的な枠組みである憲法・教育基本法，社会教育法等の法制や公民館，図書館，博物館・美術館等の社会教育施設・専門職員のあり方と深く結びつきながら議論されてきた概念である。

島田修一編『教育基本法　文献選集 6　社会教育の自由　第 7 条』（学陽書房，1978 年）巻頭の解説において，島田は「社会教育の自由」と題した理由を次のように述べている。「この巻は『社会教育の自由』と題した。この表題には，本書をたんに教育基本法制定時における社会教育理念を明らかにするものにとどめず，国民のなかに，『社会教育の自由』についての力や社会教育を権利としてとらえる意識がどれほど定着をみせているか，実際に教育文化活動をゆたかに発展させる力がどれほど蓄積されているか，をたしかめてみたいという意図がこめられている。したがって，本書には戦後改革期にもとめられていた社会教育への期待や教育基本法におりこまれた社会教育の理念を説く論稿のみならず，『権利としての社会教育』を実現させるみちすじを探求した論稿をさまざまな角度から収録することによって，教育基本法第七条の現代的解釈をゆたかにすることをめざした。それは，戦前の『民衆教化』的な社会教育の反

省に立つ『権力的統制』からの『自由』の実現にとどまらず，国民がみずから
を教育主体として自覚し，社会教育のあり方をゆたかに構想しうる力をわがも
のにしていく『自由』への期待なのである。」（島田，前掲書）

　「社会教育の自由」は，「権利としての社会教育」の自覚をもたらす住民運
動・学習運動によって発展したと考えられてきた（社会教育推進全国協議会十五
周年史編集委員会編『権利としての社会教育をめざして』，1978年）。こうした流れ
に新たな展開をもたらす可能性が，九条俳句訴訟にはある。その意味では社会
教育法の制定（1949年），社会教育法大改正（1959年），家永教科書裁判杉本判
決（1970年），旭川学テ事件最高裁判決（1976年）と並ぶ大きな画期をもたら
すものであるといえる。しかしながら，残された課題は決して少ないとはいえ
ず，「社会教育の自由」をめぐる新たな論点も提起されつつある。

　　たとえば，牧野篤が提起する「二つの『自由』」論もその一つであり，ネル
ソンと寺中を引いて「公民館とは社会的存在である個人が『関係』としての社
会をつくり，経営していくための拠点機関なのであり，施設と人と精神が合一
した，単なる建物ではない，むしろ『運動』としての機関だというのである。」
「この運動を，『自由』と呼んだ。つまり，社会的存在である個人が社会をつく
り，担い，経営し，次の世代につなげていく，永続的な，常にプロセスである
運動を『自由』と呼んだのだといえる。そして，この運動を支える社会教育は
『随所随所の自由な学習を建て前と』しなければならず，しかもそれは『自由
な発展を期せられ』るべきものとしてとらえられていた。この二つの『自由』，
つまり未来へと永続する『自由』と，そのためにこそもとめられる現実の『自
由』の二つを『法律の背景を持ったものに構成』するものとして整体されたの
が社会教育法であった」（牧野篤編著『社会教育新論』ミネルヴァ書房，2022年）
と述べている。

　　また，辻浩も「『九条俳句訴訟』から見える市民と行政」として「社会教育
における自由な学習・文化活動は，人びとが社会参加するためのひらかれたか
たちであり，そのことを通して，人びとの人間発達を可能にするとともに，地
域における公共的活動を深めることができる。そしてそのような機能を発揮す

るためには，公立社会教育施設として地域の人や団体と等しくかかわり，それらの出会いをつくっていく社会教育職員の存在が重要なのである」と指摘している。さらに踏み込んで「この判決は教育福祉にとっても意義がある」と述べる。「マイノリティの課題は少数であるために取り上げられないことが多く，取り上げられた場合でも，マジョリティの許容範囲をこえると，不当な扱いを受ける可能性が高いからである。『九条俳句訴訟』で自由な表現と『学びの公共空間』のかかわりが判例として示されたことによって，マイノリティも含めて情報交換や表現がなされることで，『学びの公共空間』が豊になっていくという論理を持つことができるようになった」と評価する。（辻浩『〈共生と自治〉の社会教育』旬報社，2022 年）

　私たちは九条俳句訴訟を一つの契機として，「社会教育の自由」「権利としての社会教育」をめぐる理論と実践をさらに豊かにしていかなければならない。

・佐藤一子・安藤聡彦・長澤成次編著『九条俳句訴訟と公民館の自由』エイデル研究所，2018 年
・佐藤一子『「学びの公共空間」としての公民館　九条俳句訴訟が問いかけるもの』岩波書店，2018 年
・日本社会教育学会編『「学習の自由」と社会教育』東洋館出版社，2020 年
・島田修一編『社会教育の自由』学陽書房，1978 年
・牧野篤編著『社会教育新論』ミネルヴァ書房，2022 年
・辻浩『〈共生と自治〉の社会教育』旬報社，2022 年

第2章
地域社会教育実践の展開

2-1 専門職員・関連職員・地域住民の協同で創る地域社会教育実践

　ローカル，ナショナル，リージョナルそしてグローバルな理解と活動が問われる新グローカル時代，基盤となるのはローカルな日常的実践である。新型コロナ禍の理解にはグローバルな視点が必要だが，具体的対応における地域自治体の重要性があらためて浮き彫りになった。政策的には自助・共助が強調され，総務省「自治体戦略2040」などに見られるように，基礎自治体レベルでのコミュニティ再生に果たす社会教育の役割が重視されている。さらに，人々の格差・分断と「民主主義の形骸化」が叫ばれるなか，「民主主義の学校」とも呼ばれてきた「地方自治」（憲法第8章）の理念（「住民自治」と「団体自治」）に基づき，「生活方法としての民主主義」を発展させようとしてきた地域社会教育（公民教育・市民性教育）があらためて求められている。

　それでは，これらの期待が寄せられている地域「社会教育実践」とはどのような実践で，どのような論理で展開されてきたのであろうか。

　序-2で見たような社会教育の具体的理解において重要なことは，第一に，「社会教育の本質」＝自己教育（狭義）と相互教育には，しばしば矛盾関係に至る緊張関係があるということである。たとえば，戦後の自己教育運動は，「サークルの時代」と呼ばれた1950年代の小集団活動，とくに「学習の主体化」をめざした「共同学習」運動にはじまった。現在でも，共同学習は社会教育実践の原点だといわれている。共同学習は，「承り学習」や与えられた「グループワーク」ではなく，参加者の思いや悩み，本音や弱音を出し合うことから始まる「話し合い学習」（今日的には当事者学習・研究）を基本とし，当初は「一人はみんなのために，みんなは一人のために」という相互教育を強調した。

しかし,「一人の百歩より百人の一歩を」といった主張が前面に出ると, 一人ひとりの自己表現や自己実現が軽視されがちになる。そこから,(狭義の)自己教育を大切にする生活記録学習や生活史・自分史学習といった学びが創造されてくる。ほんらい「自己実現なくして相互承認なし, 相互承認なくして自己実現なし」といった相互規定関係があるのだから, 今日でも多様な学習形態において, 相互教育と自己教育を実践的に統一する「自己教育活動」の推進が地域社会教育実践の基本的課題となっている(「高次の共同学習」については第5章参照)。

　第二に, 社会教育の内容である「実際生活に即する文化的教養」における矛盾の存在である。戦後教育における基本的目的は「人格の完成」＝全面発達であり, そのために学校教育では, 発達段階に応じた「教育課程」をとおして, 人類の文化遺産の系統的獲得(教養形成)を図ろうとする。もちろん, 社会教育でも文化的教養形成は重要であるが, それが学校的形態で行われると, しばしば「実際生活」とはかけ離れたものとなり, いわゆる「教養主義」も生まれる。そこで, 実際生活の課題に取り組むうえで必要な知見や技能をより系統的に学ぶ機会が求められ, 生活者住民の学習要求・学習必要に沿った「大学」や講座が取り組まれてきた。そこでは「大学」・講座と小集団・サークルをつなぐ学習形態, すなわちセミナーや地域集会活動などの学習形態(不定型教育)が創造され, それらを通して学習全体を「構造化」することが試みられてきた。最近でも,「実際生活に即する文化的教養」形成に向けて, ワークショップや「地元学」(地域学), そして「オンライン公民館」など, 多様な創造的実践が取り組まれている。

　第三に, 今日の「社会教育実践者」の多様化である。まず, 公務員としての社会教育専門職員が考えられる。しかし, 生涯学習時代に入って, 生涯学習は総合行政として推進され, 教育委員会が直接かかわらない部署・施設で実質的に生涯学習活動を推進している職員もいるし, 行政活動の委託化や民営化も進展している。生涯学習行政はまた,「民間事業者」との連携・協力で進められるものとされてきた。社会教育法では,「法人であると否とを問わず, 公の支配に属しない団体で社会教育の事業を行うことを主たる目的とするもの」を

「社会教育関係団体」（第10条）としている。いわゆるNPO法（特定非営利活動促進法，1998年）以来，NPO・NGOや諸協同組合などの民間非営利組織，そして民間企業で社会教育・生涯学習にかかわる職員も多い。2020年に制度化された「社会教育士」は，これらの施設・団体で活動することも想定されている。今日の権利としての学習，「自己教育（相互教育を含む）権」の保障は，以上のような行政・民間の職員が地域住民と協同してつくる「地域生涯教育公共圏」（後述）の創造をとおして実現する。

　第四に，地域住民自身が社会教育実践の担い手だということである。それは，住民組織である「社会教育関係団体」や，社会教育関係諸計画を立案し，教育委員会に意見を述べることのできる住民代表＝「社会教育委員」という制度的存在を考えるからだけでない。地域住民が「何のために，何を，どう学ぶか」を自らのものとしていく「自己教育」主体となり，そのことを通して他者に働きかけていく活動は，まさに社会教育実践にほかならないからである。その意味で社会教育実践評価の基本視点のひとつは，地域住民のなかから社会教育実践者をどれだけ，どのようなレベルで増やすことができたかである。

　以上をふまえると，地域社会教育実践者の仕事としては，次の5つを考えることができる。

　まず，（1）地域住民に「開かれた教育」である。社会教育法は「すべての国民があらゆる機会，あらゆる場所を利用して」自己教育活動を行う「環境醸成」を国及び地方教育団体の任務とし（第3条），生涯学習は「あらゆる機会，あらゆる場所において学習」できることを理念としている（2006年教育基本法第3条）。「権利としての学習」の現実化は，「いつでも，どこでも，だれでも」が学べることを保障する活動から始まる。地域住民の「学習要求」に応え，学習機会を提供することが社会教育専門職員の第一の仕事になる。しかし，「学習必要」はあっても「学習要求」として表現し，伝えることができない地域住民も多い。時間・場所・費用，身体的・文化的条件などの理由で，提供される機会に参加したくとも参加できない「学習弱者」がいる。そこで，（2）地域住民「のための教育」，あるいは「届ける教育」が必要となる。「届ける教育」

はアウトリーチと呼ばれ，社会教育・生涯学習施設の外に出て，そうした人々が学習可能なかたちで行う教育実践である（移動講座，ブックモービル，リモート学習など）。

　ここで考えるべきことは，「のための教育」は学習機会を提供する側から見た「学習必要」への対応だということである。しかし，社会教育実践はあくまで，地域住民の主体的な学習＝自己教育活動の発展のためにある。そこで，（3）地域住民「による教育」を援助することが意識的に追求されることになる。そこでは地域住民の自己教育活動の展開に即した支援が求められる。とくに生活課題や地域課題に取り組むようになれば，生活者としての「専門性」と専門職員としての専門性の協同が重要な意味をもってくる。社会教育専門職員も同じ地域住民として，共感をもって協働して活動していくことになるであろう。すなわち，（4）地域住民「ともにある教育」である。

　以上は，社会教育専門職の役割の歴史的変容も示している。当初は「学習の指導」者と呼ばれたが，次第に援助者→調整者（コーディネーター）→支援者（ファシリテーター）→伴走者→協働実践者の役割が重要視されるようになってきたのである。最近では，子どもの教育でもそうした活動が重視され，現行学習指導要領で「主体的・対話的で深い学び」の教育が最大のキーワードとなったことは，学校教育においても「自己教育主体形成」が正面に位置づけられたともいえる。世代間連帯で進める「21世紀型生涯学習」が現実的課題となっている。

　それでは，地域社会教育実践者は地域住民と何でも対等平等に「協働」すればいいのかといえば，それだけではない。とくに専門職員には，以上のような実践を反省的に総括し，今後の発展方向と発展課題を考える責任がある。（5）「未来に向けた実践総括」である。個々の専門職員だけでなく専門職員全体，そして関係職員，さらに地域住民との間での「実践総括」があってはじめて，持続可能で発展的な地域社会教育実践が実際のものとなるのである。

　以上をふまえると，社会教育実践者にとって最も必要で基本的な専門性は，自己教育活動の展開論理を理解し，そのプロセスに即した実践を進めることにあるといえる。それは，しばしば連携して活動することになる保健師や社会福祉士，臨床心理士，あるいは産業振興や地域福祉にかかわる行政・団体職員とも異なる，社会教育専門職員の専門性の独自性を示すものである。

　注意すべきことは，すべての「学習活動」が「自己教育活動」として意識され理解されているわけではないということである。ユネスコ成人教育会議の「学習権宣言」（1985年）が言うように，学習活動は「なりゆきまかせの客体から，みずからの歴史を創る主体に」変えていく過程であるとしたら，「みずからの歴史を創る主体」となるためには，「なりゆきまかせの客体」であることを乗り越えていかなければならない。そして，そのために必要な学習活動においてこそ「学習の主体化」，形式的にではなく実質的に「自己教育主体」となっていく過程が問われる。戦後日本の社会教育実践で重視されてきた「学習の主体化」は，国際的には「自己決定学習」（E. ジェルピ，序-3），すなわち「何のために，何を，どう学ぶか」を獲得していく過程に相当する。

　「何のために」は学習目的，「何を」は学習内容，「どう」は学習方法である。学習目的・内容・方法は，自己教育活動や社会教育実践という視点から見れば教育の目的・内容・方法である。地域で展開されている学習活動について各集団・団体，そして諸個人が考える学習の目的・内容・方法は多様である。しかし，社会教育実践者が考えるべき基本的な目標は，あくまで地域住民による「学習の主体化」＝自己教育主体の形成であり，それを援助・組織化することが社会教育専門職員の基本的役割である。そのことを中心的役割としない施設・団体・職員が行う学習支援は，「社会教育関連活動」である。

　序章でみたように，21世紀型学習では「知ること（to know）」「なすこと（to do）」から「人間として生きること（to be）」「ともに生きること（to live together）」へ，新グローバル時代にはさらに「ともに世界をつくること（to create our world)」を加えた「学習五本柱」が求められている。これらを自己教育過程としてとらえ直すことが必要である。ESD で中心的とされてきた環境教育を考えてみよう。

　20 世紀の環境教育では，子ども・学校教育を中心に，「自然の中で（In）遊ぶ＝学ぶ」「自然環境について（About）学ぶ」「環境改善のための（For）活動を学ぶ」の 3 つの学びの重要性が指摘され，取り組まれてきた。そうした環境教育の蓄積をふまえつつも，人間活動が地球全体のあり方に影響を与える「人新世」が問われ，気候危機とコロナ危機を経験して，さらに課題解決のための SDGs が取り組まれている今日の環境教育には新たな発展が必要である。

　とくに若者・成人の生涯学習活動においては，まずグローカルな環境危機と環境保全活動・政策の実態，それらにかかわる科学的知見について（About）知ることが重要である。ほとんどの環境が「人工化」されている今日では，大人こそ自然の中で（In）五感と身体（感情や情動を伴う）によって体感し，表現することをとおした学びが求められている。そこから，自然と人間の関係の中での生活経験を反省的にとらえ直し，みずからの生活史上の意味も考えて，生活全体をとおして（Through）学ぶこことが必要となる。自然保護・再生活動に取り組むためには，問題や課題を「自分ごと」としてとらえ（「自己意識化」），みずからの生活から変えていく活動が重要な学習局面である。そのうえで，環境改善・自然再生のための（For）協同活動，環境教育促進法（2011 年）にいう「協働取組」も重要な学習活動として位置づけ直すことが必要である。それらの活動をとおして，多様性をもった自然とともに（With）生きること（共生）の意味を実質的に考えられるようになる。

　以上のような About, In, Through, For, With の学習は，21 世紀型の to know, to do, to be, to create our world, to live together の 5 つの学習と重なる。重要なことは，この展開を自己教育過程としてとらえ直すことである。ここではそれぞれを，（1）知的な意識化，（2）感性的・身体的意識化（表現活動を含む），（3）自己意識化＝「学習の主体化」，（4）活動的協同性の形成，（5）自己教育主体＝社会教育実践者形成，と呼んでおこう。これらのそれぞれの領域に

よって学習の内容と方法が異なり，その過程は直線的に進むわけではない。理論的には，（3）を重要な転換点として折れ曲がり，（5）から（1）へと戻って循環し，螺旋的に高度化するものと考えられる。

　なお，（1）と（2）は「文化的教養」形成，（3）は既述の共同学習に始まる「学習の主体化」，（4）は地域づくり学習，（5）は（1）から（4）を（集団的に）総括する実践にかかわる。学習権宣言（序-3参照）の権利項目としてみれば，（3）は「自分自身の世界を読み取り，歴史を綴る権利」の展開であり，（4）は「構想し創造する権利」を，協同活動としてとらえ直した学習権の具体化である。もちろん，（1）と（2）を進めるためには，「あらゆる教育資源に接する権利」と「質問し熟慮する権利」（「批判的思考」から「複雑なシステム思考」へ）の現実化が必要である。「個人的・集団的技能を伸ばす権利」は，以上をとおして自己教育・相互教育＝自己教育活動を発展させていく権利として理解し直すことができる。

　それぞれ独自の目標・内容・方法をもつ「5つの実践領域」の具体的な実践は，どこから始めることも可能で，互いに重なり合い，行きつ戻りつして進む。他に2つとない固有な地域で，それぞれ差異と個性をもった地域住民が参加して進められる学習活動では，偶発的・創発的な展開がつきものであり，むしろ，それらが新たな実践の創造を可能にするという可能性を含んでいる。重要なことはしかし，いずれの実践領域も不可欠で，たとえば（1）から（3）の学びがない（4）や（5）の活動は，形式だけの活動あるいは単なる住民動員に終わってしまいかねないという関係をふまえておくことである。

　自己教育活動の展開は固有の論理をもっており，必ずしも社会教育実践者が想定したように進むわけではない。そこには，緊張関係や対立関係も含まれている。それゆえにこそ，多様な形態の教育活動が求められるのである。それらは大きく，既述の生涯教育3類型に区分される。

　以上をまとめて地域社会教育実践の展開と代表的な実践モデルを示すならば，表2.1のようである。

　（　　）は代表的社会教育施設である公民館を示しているが，中央公民館で

表 2.1　地域社会教育実践の展開過程

社会教育実践		開かれた教育	のための教育	による教育	とともにある教育	実践総括	計画化
生涯教育3類型	定型 Formal	主催講座・大学（中央公民館）	アウトリーチ＝届ける教育	学習条件整備	実践者育成	〈生涯学習計画づくり〉	自治体教育計画
	不定型 Non-Formal	企画委員会（地区公民館）	セミナー，ワークショップ，〈地元学・地域学〉	サークル支援，〈生産大学〉	〈地域づくり学習〉	学習・地域活動調査・評価	地区教育計画
	非定型 Informal	地域活動，小集団，イベント（自治公民館）	〈溜まり場・居場所づくり〉〈生活記録〉	〈共同学習〉，〈生活史学習〉	地域行動・社会行動，協働取組	学習ネットワーク・構造化	各グループ・団体学習計画
自己教育過程	自己教育過程	知的意識化・文化的教養形成	感性的・身体的意識化と表現	自己意識化・〈学習の主体化〉	活動的協同性形成〈共育ち〉	自己教育主体＝社会教育実践者	地域生涯教育計画
	環境学習	About	In	Through	For	With	持続可能で包容的な社会づくり
	21世紀型学習	To know	To do	To be	To create our world	To live together	

は社会教育主事，地区公民館では公民館主事，自治公民館では地域住民の主事が配置されているという時空間を前提にした施設教育モデルである（現実には公民館が1館だけ，あるいは不在の自治体もある）。〈　〉は，戦後の社会教育・生涯学習実践で蓄積されてきた，代表的な自己教育活動モデル例である（具体的には，第3章参照）。

　もとより，社会教育・生涯学習のテーマと具体的実践領域は広く，多様である（社会教育推進全国協議会編『社会教育・生涯学習ハンドブック』第9版，エイデル研究所，2017年）。各セルの実践モデルは，あくまでひとつの事例である。社会教育実践者は，この表のどこに相当する実践に取り組んでいるのか，それ

ぞれの地域での状況と実践的蓄積をふまえ，誰と連携しながら，どのような実践活動に取り組むかを考える必要がある。とくに社会教育専門職員は，地域全体の学習活動の布置状況を見渡し，どこでどのような実践が必要で，地域社会教育実践全体を推進するためには，どこから，どう進めたらいいのか，この表を参考にして考えていくことができるであろう。

2-3 「学習弱者」への支援から協同実践へ

前節でみた自己教育過程は，環境教育以外でも一般的に見られる。

たとえば，身近な「子育ての学習」においては，（1）子育ての知識・理論や政策・社会的条件についての学び，（2）多様な具体的子育て体験にふれ，子ども一人ひとりが育つ力を理解する「子育ち学習」，（3）みずからの子育てを反省し，生活のありかたを問い直す「親（育成者）育ち学習」，（4）よりよい子育てのための「共育ち学習」「子育て協同」活動，（5）子育て政策・計画づくりへの参画，といった展開である。

だれにも関係があり，学習要求が多い「健康学習」では，（1）健康・不健康に関する知識や情報の獲得，（2）個性的な身体をもつ自己の不健康な状態への気づき，（3）自己の生活活動と生活環境の見直しと改善，（4）健康な地域や社会を創るための協同活動，（5）公的な健康福祉計画づくりへの参画，といった活動に伴う学びが考えられよう。

これらの学習の循環的発展は，教育基本法の教育目的である「心身ともに健康な国民の育成」（第1条）にかかわるが，表序.1で示した「生命と生活の再生産」にかかわるあらゆる活動に共通して見られることである（Learning Throughout Life へ）。それらの活動をとおして多様な個性をもった人々が相互に承認しあうこと，地域に始まり地球そのものの「健康」や「ケア」も視野に入ってきているのが（「ワンヘルス」），新グローバル時代の今日である。

気候危機や東日本大震災，そしてコロナ危機などの諸問題において，まず注目すべきは，それらの影響には地域的・職業的・階層的・性別など，大きな格差が見られるということである。コロナ禍で困難を抱えたエッセンシャルワー

カーや，自殺にまで追い込まれた若者・女性の増加が，その深刻な実態を示している。背景には貧困・社会的排除問題と行財政合理化・弱体化があり，社会教育実践には特別な対応が求められている。もちろん，そこでは医療・看護や臨床心理あるいはソーシャルワークの活動との連携も必要であるが，地域社会教育実践者はどのような立ち位置から取り組むことが必要であろうか。貧困・社会的排除問題に取り組む地域社会教育実践，大規模災害からの復興過程で展開する学びについては，後続章で具体的に取り上げる。ここでは，それらの前提となる学習の一般的理解についてふれておこう。

　重大な危機に直面した諸個人の対応として，しばしばエリザベス・キュブラー＝ロスの5段階が参照される（『死の瞬間（改訂版）』中公文庫，2020年）。それは災厄の事実を「否認」することから始まるが，その事実を否定できなくなると「怒り」が生まれる。それが静まるにつれ破局しないように「取引」がなされるが，望むように進まないことがわかると「抑鬱」の状態になる。それらを経て事態を「受容」するようになるのが，快復へ向かう最後の段階である。これらは災害被災者支援においてもふまえておくべき知見であるが，実際の災害被災者には避難活動・避難生活があり，しばしば集団活動を伴う。そこでは「受容」から先，復興にむけた力を付けていくこと（エンパワーメント）への過程が問われ，地域社会教育実践者の出番となる。

　たとえば，本書冒頭の「はじめに」で紹介している，東日本大震災で最大で，最も過酷だった避難所「ビッグパレットふくしま」から「おだがいさまセンター」へと展開した社会教育的実践を考えてみよう。そこから学ぶべきは，以下のことである（他の実践も含めて，日本社会教育学会編『東日本大震災と社会教育』東洋館出版社，2019年，を参照）。

　第一に，人間諸個人の尊厳と幸福追求権（憲法13条）をふまえた「人格権」の尊重である。避難所で，仮設・借り上げ住宅で，県内外避難先で，たとえば子ども，女性，高齢者，そして「被災者」の人格，人間的尊厳を否定するような差別と偏見・排除の状況がしばしば見られた。今回のコロナ禍被害者に関しても，現れ方は異なれ，同様なことが見られる。社会教育的視点とはまず，そ

うした被災者・被害者を対等で主体的な「人格」として処遇するということである。

第二に,「人権中の人権」である「学習権」,社会教育の立場からは「自己教育・相互教育権」の創造的発揮である。ビッグパレットからの実践は,自己教育活動を援助・組織化する社会教育実践そのものであった。その前提は「知る権利」を保障する,情報の公開・提供・創造・共有である。GAP の ESD 原則(序-4 参照)の(a)は,万人が「情報に基づいて決定し責任ある行動を取る」ことを可能にするものだとしている。コロナ危機において,はたして情報はどれほど公開されたか,必要な情報は提供,さらには創造・共有されたか。

第三に,かかわる人々の相互的な承認過程の重要性である。被災地・被災住民の内外に格差と分断が広がるなかで,被災者と支援者,そして被災者どうしの相互受容から始まる相互承認関係が形成されてきた。支援者の多くは同時に被災者で,「支援者の支援」が求められる一方,被災者が支援者となる過程もしばしば見られた。その必要性は,コロナ禍でのエッセンシャル・ワーカーの場合でも,基本的に同様である。支援者―被災者の固定的関係を乗り超えていくその展開過程を一般化してみれば,表2.2のようである。

第四に,具体的な協同活動への展開である。「おだがいさまセンター」の活動は,手芸などのサークル活動から染め物・織物をつくる「おだがいさま工房」へ,避難所の草むしりからガーデニングを経て休耕農地利用の「おだがいさまファーム」へというように,施設の外へ発展していった。それらの発展のためは,協同実践とそれらに固有な学習実践が不可欠である。その後の災害被災地における復興・地域再生の動向については,第7章を参照されたい。

あらゆる社会的排除の状態にある「学習弱者」への教育実践は,「相互受容」

表2.2　支援者―被災者関係を超えて

	相互受容	関係形成	交互関係	承認関係	協同実践
他者関係	他者受容	共感	立場交換	相互承認	主体形成(エンパワーメント)
自己関係	自己受容	自己信頼	自己表現	自己実現	

の活動を基本的出発点とする。というよりも，すべての教育実践は，どのような学習者であれ，彼・彼女らを受け入れるところから始まるのであり，表2.2はどの教育実践にも妥当する。「承認関係」で示した「相互承認」は相互教育の目的であり，「自己実現」は（狭義の）自己教育の目的であるが，それらは共感と自己信頼，立場交換と自己表現をくぐってはじめて実質的なものとなる。

　緊張関係を含む両者を「協同実践」によって統一していく活動にこそ，自己教育活動が新たに生まれ，不断に革新されていく泉がある。2020年末に労働者協同組合法が成立し，協同実践の新たな広がりが期待されている。その可能性について本書では，第8章で考えていく。

2-4　生涯学習の構造化と計画化：地域生涯教育公共圏の形成

　SD や ESD では，あるべき未来を構想し，そこから現在の課題を考える「バック・キャスティング」の方法を重視している。しかし，過去から将来を考える「フォア・キャスティング」を無視するものではない。歴史的に形成されてきた「持続不可能で排除的な現在」を批判的にとらえるからこそ，「持続可能で包容的な未来」が考えられるのである。「批判的思考」と「将来を構想する力」が同時に求められる理由である。そこでは，人口動向などの統計数値を延長して将来を予測するような「フォア・キャスティング」ではなく，「未来に向けた実践総括」の活動が必要となる。具体的には地域社会教育・生涯学習の「計画化」，「地域生涯教育公共圏」（「新しい公共的時空間」）形成に向けた実践であり，戦後の社会教育・生涯学習計画づくりの理論的・実践的蓄積をふまえつつ，グローカルな視点から新たな発展が求められている。

　まず第一に，地域で展開されてきた具体的な学習活動の全体（表2.2）を視野に入れる必要がある。実践総括は各集団・団体レベル，地区レベル，基礎自治体レベルでなされてきている。しかし，地域住民は他団体・他地区での実践を知らず，社会教育専門職員も地域で展開されている学習活動，とくに教育委員会管轄以外での学習活動について知っていない場合が多い。調査・評価活動が必要である。

この点で教訓になるのは，1990年代前半の松本市における「生涯学習基本構想づくり」である。その実践は，市内全域で展開されている「草の根」の学習活動と市民活動を調査・収録し，実践集『松本の根っこワーキング』にまとめるところからはじまった。そして，それに基づいて地域住民とプロジェクトチームによる「徹底討議」を重ね，生涯学習計画に向けての課題を5つのテーマに整理した提言書を作成するところに進んだ（鈴木敏正『生涯学習の構造化』北樹出版，2001年）。その後の松本市生涯学習については，本書第6章を参照されたい。

　第二に，自己教育主体形成を支援する活動は，地域住民が集団的・組織的に社会教育・生涯学習計画づくりに参画することを含むということである。生涯学習計画づくりは，それまでの地域における学習活動・社会教育活動を評価し，今後の発展課題を社会的・公的に明確にする「未来に向けた実践総括」にほかならない（住民的公共性の形成）。つまり，集団的・組織的に「何のために，何を，どう学ぶか」を考える「自己教育主体」となっていく実践である。その実践をとおして，どれだけ社会教育実践者を実質的に増やせたかがポイントである。

　この点では，21世紀初めに展開された恵庭市の第2期生涯学習基本計画づくりが参考になる。住民代表の社会教育委員が中心となったその実践は，「基本計画の策定そのものが生涯学習」であり「市民と行政の学び合いの場」だという考え方のもとで進められた。具体的には，第1期計画の徹底した「評価・検証」からはじまり，必要な具体的生涯学習活動に取り組み，それらをまた評価・検証の対象に組み入れていくというかたちで展開された。この結果，「計画期間全体をとおしての計画づくり」となった。「計画づくりの日常化」である。

　第三に，地域住民と社会教育職員の参加・協同による生涯学習計画推進体制づくりとあわせて進めることである。この点では，生涯学習振興法制定（1990年）以降，松本市や恵庭市以外に，「公民館活動史」づくりと並行し，「重層的市民参加」と（教育委員会以外を含む）職員参加で取り組んだ貝塚市，市民・

行政協働の推進協議会を基盤に，計画づくりをとおして「人づくり・まちづくり市民会議・市民フォーラム」を生み出していった士別市などの経験が重要である。それらをとおして確認される「生涯学習計画づくり原則」は，次の7つであった。すなわち，①出発点は，重層的市民参加と自主的職員集団の形成，②歴史的・実践的総括なき計画は無内容になる，③基本活動は学習ネットワークと「地域課題討議の場」の形成，④調査なくして計画なし，⑤地域づくりと結びつかない計画に現実性なし，⑥「学習の構造化」から地域生涯学習公共圏の創造へ，⑦地域生涯学習計画づくりは自治体改革を求める，である（鈴木敏正『増補改訂　生涯学習の教育学』北樹出版，2014年，終章）。

　その後，地域住民と社会教育・生涯学習職員の参画による「地域生涯教育公共圏」創造や自治体改革には，「選択と集中」・行財政合理化を図る国家的政策の下で，厳しい条件が重なっている。しかし，大都市へと一極集中することの持続不可能性・危険性は，新型コロナ危機が如実に示している。災害予防・対応へのレジリエンス向上（第7章参照）のためにも，これまで拡大する一方であった地域格差を是正し，分散型地域構成と地域内社会経済循環の発展をはかっていくことが重要課題となってきた。その具体化に向けて，固有の自然・歴史・文化をもつ各地域の「内発的な発展（地域づくり）」が求められている。そうした活動には，独自の学習活動（地域づくり学習）が不可欠である。

　表2.1に見るように，地域づくり学習は，①「不定型教育」，②「とともにある教育」，③「活動的協同性」形成，④地区教育計画づくりが交差するところに位置する。4つの視点が重なるということは，まさにその実践は「不定」であり，したがって，それぞれの実践的時間・空間において創造的・創発的であることが求められる。その展開は，他の領域の活動，とくにそれぞれが隣接する実践にも変化をもたらすであろう（具体的には，第6章参照）。

　生涯教育3類型の視点から見れば，不定型教育の展開は，定型教育と非定型教育の発展があってこそ豊かになっていくとともに，それらの教育に新たな展開をもたらすという関係になる。「とともにある教育」と「開かれた教育」および「のための教育」の関係も同様である。それゆえ地域づくり学習は，地域

で展開されている学習活動のネットワークに支えられながら，それら全体を「構造化」していく可能性をもつ。松本市や士別市などの経験が示すように，学習ネットワーク活動を基盤とした地域生涯学習計画づくりが地域づくり学習へ展開することには実践的必然性があり，上記「７つの原則」が重要となる。

　もちろん，新グローカル時代の地域生涯学習計画づくりにおいては，⑤は「生涯学習計画づくりと結びつかない地域づくり学習は持続不可能である」，⑥は「地域づくり学習は『生涯学習の構造化』を求める」，⑦は「地域づくり学習なき自治体改革は形式に終わる」，といったように，より積極的・創造的に考えていく必要があろう。第１章の１-２でみた公民館の「パブリック・フォーラム」としての再評価も求められるであろう。

　そうした取り組みは，公開性・人権性・共有性・計画性を備えた新たな「公共化」の実践でもあり，既存の制度や施設の公共的再生＝「再公共化」の実践を求める（鈴木敏正『教育の公共化と社会的協同─排除か学び合いか』北樹出版，2006年）。新旧の多様なキョウドウ関係が響き合う「協同・協働・共同の響同関係」を基盤にした，異種混交（ハイブリッド）の公共圏が生まれるであろう。

　あらためて，グローカルな視点から，住民自治と団体自治を発揮する「持続可能で包容的な地域づくり教育」が挑戦的課題となっている。

読者のための参考文献
・社会教育推進全国協議会編『社会教育・生涯学習ハンドブック』第９版，エイデル研究所，2017年
・鈴木敏正『増補改定版　生涯学習の教育学─学習ネットワークから地域生涯教育計画へ』北樹出版，2014年
・田中治彦・枝廣淳子・久保田実編『SDGsとまちづくり─持続可能な地域と学びづくり』学文社，2019年
・佐藤一子編『地域学習の創造─地域再生への学びを拓く』東京大学出版会，2015年
・鈴木敏正『「地域をつくる学び」への道─転換期に聴くポリフォニー』北樹出版，2000年

第3章
市民はどのように学ぼうとしたのか

3-1　**「自己教育運動」とは何か**

（1）教育の「学習化」—「教育」論から「学習」論へ

　ビースタ（Gert J. J. Biesta）は教育についての「語り」に用いられてきた語彙を、「学習」や「学習者」の語彙に変形することを「教育の『学習化』」と指摘した。「学習」に関する新しい言語の増加により、個々人に教育的な指針をコントロールする力を与えることができるほどの解放的な可能性が存在すると述べる（G. ビースタ『よい教育とはなにか』白澤社、2016年）。

　その一方で、次のような問題点を指摘する。第一の問題は、「教育」という概念が常に関係性を含意し、「誰か他の人を……ある意識を持って教育している」のに対し、「学習」が基本的に個人主義的な概念であるということにある。第二の問題は、「学習」が基本的にプロセスの言葉だということであり、学習の主体や目的について「具体性が伴っていない」ことであるとする。

　ユネスコ教育開発国際委員会の報告書『未来の学習（Learning to be）』（1972年）には、自己教育にかかわる次の記述がある。

> 　未来の学校は、教育の客体を、自己自らの教育を行う主体にしなければならない。教育を受ける人間は自らを教育する人間にならねばならない。他人を教育することが自己自身を教育することとならねばならない。個人の自己自身に対する関係におけるこの根本的な変革は、将来の数十年にわたる科学・技術革命時代のための教育が当面しなければならない最も困難な問題である。
>
> 　　　　　　　　（国立教育研究所内フォール報告書検討委員会訳『未来の学習』1975年）

　深刻な教育問題に直面した当時に発せられた「教育の客体から主体への変

革」というメッセージは，教育の「学習化」だけでは解決しないものである。

（2）「自己教育・相互教育」「自己教育運動」とは何か

　社会教育の本質は国民の「自己教育・相互教育」であり，「非定型教育（Informal Education）」に相当するものである。それに対して，不定型教育としての公的社会教育が，どのように「自己教育・相互教育」との関係性をもつかは，その時代によって大きく変わる。

　社会教育法制定時に文部省が答弁において「元来社会教育は，国民相互の間において行われる自主的な自己教育活動でありまして，政府並びに地方官庁は，その活動が自主的に活発となって，国民の教養水準が自ら高まるように側面より援助奨励する役割をもつもの」（寺中作雄『社会教育法解説』社会教育図書，1949年）と述べている。つまり，自主的な自己教育活動は，社会教育法の制定前から認識されていたことがわかる。

　図3.1で示した松下拡の問題解決学習の場合にあてはめてみると，この図全体が自己教育・相互教育（これを「自己教育活動」と呼ぶ）となり，この活動を

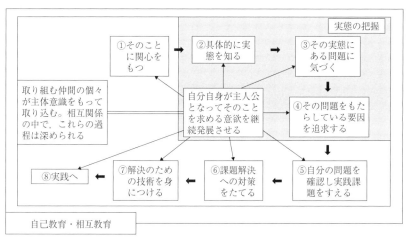

図3.1　問題解決における学習の流れ―学習と意識の発展―

出所：松下拡「健康学習と住民の意識の変革」山田定市・鈴木敏正編著『地域づくりと自己教育活動』筑波書房，1992年，91頁に加筆

住民自ら組織化していくのが「自己教育運動」となる。公的社会教育の役割は，自己教育運動を社会教育職員などが支援もしくは環境醸成していくことである。

　誰かに与えられた課題を解決するかたちではなく，そのままでは意識されていない生活課題を自己教育・相互教育のなかで自ら課題であると意識化（②〜④）し，学習課題へと昇華させていくところにポイントがある。

3-2　「自己教育運動」の誕生と展開

（1）始まりとしての「共同学習」

　戦後の自己教育運動の始まりは，1950年代の「共同学習」だとしばしばいわれる。戦後間もない時期の啓蒙的な社会教育活動のように，1950年代初頭まで行われていた他律的で断片的な講義式学習から，「仲間づくりの学習」「話しあい学習」へという変化があった。その変化は青年・女性自らの積極的な興味・関心に支えられた自主的・自発的な少人数による継続的な小集団学習の導入であり，この方法は，青年団運動において「共同学習」と呼ばれた。青年の主体性を守り，自主的な学習体制を築きあげていくために，日本青年団協議会が全国各地の青年団に「共同学習」を実践することをすすめた。

　小集団学習は，「青年団の窮状を打開しようとした幹部から取り入れられた」面もあったが，「いままで青年集団内部で無視されていた，青年ひとりひとりが日常の暮らしのなかでつきあたる共通の欲求不満を，正面からとりあげ追及していく共同学習という学習形式が多くの青年の気持ちにぴったりしたものだったから」広がったといえる。ただし，こうした小集団学習（共同学習）にも限界があるとされた。「青年の低い地位からの脱出と，ゆたかな生活の獲得を実現することを目的とするならば，あきらかにされた諸事実をふまえて，実践活動にふみこまねばならない」からであった（千野陽一『勤労青年教育論』法政大学出版局，1971年）。

（2）女性の生活記録運動

　青年たちの共同学習運動が進むなか，女性たちの共同学習は，生活記録運動

として展開していった。戦前からの伝統をもつ生活綴方（運動）に学んで，「おとなの自己教育の方法」として，1950年代に「共同学習」とともに新しい社会教育のあり方となった。自分で感じたり考えたりしたことを人に伝える，その場が小集団であり，「共同学習」であった。

　子どもの人格形成の手段として有効な生活綴り方に大人の思想形成の方法としての可能性をみた鶴見和子は，1953年に「生活を綴る会」を組織し，全国各地にグループが生まれていった。四日市の紡績工場の組合のなかに生まれた文化サークルは，『やまびこ学校』に刺激され生活綴方を取り入れて文集を作成し，『母の歴史』（1954年）という生活記録の成果を生みだした。こうした生活を綴る会の活動に刺激され，各地でさまざまな生活記録運動が展開された。

（3）「自己教育運動」としての信濃生産大学

　「自己教育運動」の成果の一つといわれる信濃生産大学は，宮原誠一を総主事として行われた実践である。農業基本法（1961年公布）に基づく農業「近代化」政策による，農業従事者の急激な減少などに対抗する農民の本格的な学習運動として取り組まれたものであり，「主権者としての農民を『生産学習と政治学習の統一』によってつくりだす」ことを基本理念とし，「学習の三重構造」（サークル・セミナー・大学）と呼ばれる独特の学習方法を確立したものである。「社会科学」の学習と「農政学習」「生産・技術学習」を有機的に結びつけ，学習運動にまで高めた実践が信濃生産大学運動であり，その後の農民・労農大学運動に大きな影響を与えた。

　信濃生産大学の報告を受け，公民館主事・松下拡は「調査学習の中で考えていた問題解決学習の発展的姿を見る思いで目をさまされたような気分を抱いた」と回顧している（松下拡『現代生涯学習研究セミナー記録集』2009年）。『公民館主事の性格と役割』（下伊那テーゼ，1965年）を作成することになる，公民館主事たちに影響を与えたのである。信濃生産大学そのものが「自己教育運動」であるだけでなく，「公民館における『学習』と『教育』の概念を意識化」したという点においても，その後の「自己教育運動」に果たした役割が大きい。

それは下伊那テーゼに引き継がれ，自己教育・相互教育の環境を醸成する側にたつ公民館主事に大きな影響を与えていくこととなる。

3-3 自己教育運動の自覚化と公的社会教育

（1）社会教育をめぐる3つのテーゼ

　自己教育運動は，「権利としての社会教育」つまり学習の公的保障を求める運動や，民主的な社会教育（行政）を地域や自治体に根付かせようとする運動とともに広がりをみせる。1960〜1970年代にかけて民主的社会教育をめざす職員集団の誕生と結集を背景に，住民自らが地域課題から学習内容を編成する力をつけることを見通して，自己教育運動を内面から起こしていくことをめざした社会教育実践も行われていく。1960年代の高度経済成長を背景に，深刻化する地域問題に取り組む多くの住民運動が生まれ，これと向き合うように公民館などでの学習実践が，「テーゼ」（いわば「社会教育のあるべき姿や理想のかたち」）として全国に共有されていった。

　「枚方テーゼ」と呼ばれる大阪府教育委員会の『社会教育をすべての市民に』（1963年）は，社会教育の本質を明確に提起した画期的な文書である。その成立の背景には，女性の主体形成にかかわる，地域の豊かな自己教育運動があった。その2年後にだされた「下伊那テーゼ」，飯田・下伊那主事会『公民館主事の性格と役割』（1965年）は，曖昧だった公民館主事の役割を，自分たちが行っていることをもちより，議論して主事自らが定義づけたものであり，実践を通して振り返るなかでさらに高められたものである。公民館主事の性格を「教育専門職であると同時に自治体労働者であるという二つの性格」とし，公民館主事の役割を「働く国民大衆の運動から学んで学習内容を編成する仕事」と「社会教育行政の民主化を住民とともにかちとっていく仕事」としている。下伊那テーゼは，具体的仕事のなかで，主事仲間の，自主的民主的な組織づくりの必要性を訴え，組織内では，①自分自身の学習，②社会教育活動の実践のたしかめ，③民主的社会教育を守る（身分を守ることを含めて）運動が行われるのだとされた。

「三多摩テーゼ」と呼ばれる東京都教育庁『新しい公民館像をめざして』（1974年）は，都市型公民館の原型を示し，当時の東京・多摩地区各地の実践が理論化されたものである。その下敷きになったものは「公民館三階建論」であり，その生みの親は三多摩社会教育懇談会，育ての親は多摩地域の各市町村の公民館職員，その応援団は1970年代前半に広がった市民による公民館をつくる運動であった。これらのテーゼが全国の自己教育運動にも影響を与えていく。

（2）問われる自己教育運動と社会教育の関係

公害や開発から健康を守る運動のなかにあった自己教育運動は，公教育に一定部分の学習の保障を求めていく動きをみせる。一つの例を，当時の公民館職員の報告（土屋亮「公害から健康を守る運動と社会教育」『月刊社会教育』1975年8月号）にみることができる。

1971年長野県上田市内の婦人グループが子どもを遊ばせるための川の危険性の調査から汚染に気づき，「子どもたちと家族の健康を守るために」をメインテーマに学習会を開始したことがきっかけの一つとなった。日常の食品に含まれている化学物質を知ってゆくうちに，婦人たちはたいへんなショックを受け，学習会のまとめで，食品会社の視察や公民館での学習会開催の要望などをあげた。具体性をもたせるために学習会までに現物の無害石けんや安全な食品を探すことなどが話し合われ，方々にあたってゆくなかで，広く住民のなかに，食品公害・洗剤公害がアピールされ，各地で学習会の要求が高まった。地域のリーダーが学習集団をつくりながら，公民館に「映画と講師の依頼。また経費は公民館が保障すること」を訴えた。それに対し公民館では，職員間で話し合い，住民同士の相互教育のなかからの「自主的，主体的な立場から公教育に保障させる要求運動」と位置づけることなどが確認され，「住民の求めに応じてゆく」として学習会を開催した。その後，大きな議論を巻き起こしながらも，「川西健康を守る会」の結成へと進み，この会により石けん工場・食品会社の視察や交渉，独自の研究などの活動とともに，「住民に向けてのスライドつくりや，チラシ・ニュースを発行し，会の動きなどと合せ教育活動」も行うよう

になる。企業も会の運動に答えていった結果，上田市内の大手スーパーの店頭
には，無公害石けんと，無添加ウインナー・ハムなどが陳列されるようになり，
1975年4月から，学校給食，保育所給食に無公害石けんや無添加ウインナー
などの食品が取り入れられた。公民館は運動の進展に合わせ「住民運動と公教
育のかかわり」について何回も話し合いをもち，「公教育は住民運動の教育的
側面であり，住民の健康の増進と，生活向上のための住民課題を主体的に取り
入れてゆくことは，公民館活動の主たる目的である」との立場からシンポジウ
ムを開催している。

　この実践は，身近な生活のなかにある健康や環境への不安から，調査や学習
により自ら生活課題を見つけ，つながりをつくりながら次の学習課題へと住民
自らが進める自己教育運動であり，必要な時々に公民館に働きかけ，支援を得
て課題を解決していった様子がわかる。

（3）公的社会教育による自己教育運動の環境醸成

　住民自らが地域課題を軸として学習内容を編成しうる力をつけることを見通
して，公的社会教育として自己教育運動を住民の内面から起こそうとする取り
組みもみられた。

　社会教育主事・重田統子による1970年代の東京都目黒区での婦人学級にお
ける公害学習である。文学講座参加者に対する社会教育主事の「文学・詩・演
劇を愛好する人びとの感受性の強さ，表現能力，とりわけ自然破壊に対する怒
りが，学習や運動への動機づけとなる」という見通しのもとに，住民自ら幹線
道路添いの大気汚染測定などの調査に基づく学習が行われ，やがて行政にも対
策を働きかけるものとなっていった。

　また，社会教育主事であり公民館主事だった松下拡により行われた社会教育
実践も，公的社会教育の枠組みと協力し発展した自己教育運動であるといえる。
松下の役割は，健康についての知識を与える専門家としてではなく，基本的人
権としての「健康で生きる」ことを支え保障するところに行政の役割があると
考え，「教育的側面からとらえる行政の役割は，住民の学習能力形成であり，

自治能力形成の助長である」（松下拡『健康学習とその展開』勁草書房，1990年）という立場を貫くものである。

　松川町では1963年ごろから婦人会などのグループでの学習が行われ，保健師や栄養士など他職種もかかわって，1970年代に急激に拡大し，第1回の「健康を考える集会」（1976年）を開いた。こうした集会がもたれることで，「学習の幅を拡げ，系統的に深めるとともに実践活動の質を豊かなものにした」。それまでにあった公民館研究集会や婦人集会と内容を関連させつつ，地域の組織グループでの日常の学習活動を基盤として深められ，さらにその連携のなかで組織活動も深まるという相互関係をつくり，地域での健康学習を構造化した。その後，松下が退職した2000年以降も継続して集会が開催され，グループでの健康学習はかたちを変えつつ現在も続いている。

　この健康学習の実践では，課題解決型学習を意図した公民館主事による環境醸成が，健康問題に限らず町内で活動するグループになされていた。そもそもめざされていたのは，住民自ら「何のために何を学習するか」という意識の自覚であり，自己教育運動を公的社会教育が支え主体形成をめざしたものである。その結果，健康に関する課題解決学習としてはもとより，ほかの地域課題も同様に解決できる住民が育つことになった（鈴木敏正『自己教育の論理』筑波書房，1992年）。

3-4　自己教育運動の現在とこれから

（1）社会教育推進全国協議会の役割

　「私たちは，民衆の自己教育運動の歴史的経験をうけつぎ，権利としての社会教育の実現をめざして，1963年に社会教育推進全国協議会を結成しました」。これは社会教育推進全国協議会（以下，社全協）『私たちのめざすもの―社会教育推進全国協議会指標―』（1985年）の冒頭部分だ。社全協は，現在まで毎年の全国集会（自己教育活動）を続け，各地に社会教育関係者や地域住民のつながりをつくり，さまざまな活動を展開している。

　戦後の自治体では，教育委員会制度の整備とともに社会教育職員の配置が

徐々に進み，それら職員の労働条件の改善を求める声が大きくなっていた。当時，国内唯一の社会教育月刊誌『社会教育』（1946年創刊，全日本社会教育連合会発行）にも，仕事の過重や職員の配転などへの批判が掲載された。こうしたなかで編集方針の転換が打ち出され，社会教育職員の声を受け止めた雑誌の刊行を期待する声に押され，民主的社会教育創造のために「ゆるぎない路線を求めて」民間誌として『月刊社会教育』（国土社）が創刊された（1957年12月）。

　全国各地での社会教育をめぐる自主的な動きを背景にして，1961年に第1回社会教育全国集会（のちの社会教育研究全国集会）が開催され，身近な職場や地域の青年・女性の学習活動が議論されるようになった。『月刊社会教育』や全国集会に結集する人々が，「民主的な社会教育の実践を支援する組織づくりが必要である」と組織の立ち上げを計画し，第3回集会後に社全協が結成された。その後，社全協は社会教育職員の不当配転問題や公民館合理化問題，生涯学習政策をめぐる問題など，その時代時代の社会教育にかかわるさまざまな問題に対し，ときには現地調査を行い，住民とともに運動を展開している。支部や地域においてもフォーラムや集会など活発な活動を行っている。

　第1回集会の参加者は100人余だったが，徐々にふえ，1982年第22回集会のように1600人を超えることもあった。分科会数も第1回の5分科会から，その後，その時々の生活課題・政策課題を敏感に反映させながら多様に広がり，2009年第49回集会では25分科会と飛躍的にその数をふやし，2017年第57回集会でも18分科会と5つの課題別学習会が開催された。また，分科会で学習が深まり，ブックレットや書籍などの刊行，集会時以外に継続的な研究会をするところも現れている。

　1970年から学習をより深めるために『全国集会資料集』が事前に発刊され，1986年からは集会報告が『社会教育研究全国集会報告集』としてまとめられ（1974〜1998年まで『月刊社会教育』臨時増刊号としても発刊），全国各地の実践の貴重な資料となっている。また，社全協編『社会教育・生涯学習ハンドブック』が第9版（エイデル研究所，2017年）まで出版されている。

　集会は，いまも開催地の実行委員会との共催を基本にし，数年に1回まとめ

的な集会として社全協単独開催のかたちをとりつつ，開催地は北海道から沖縄まで全国各地に広がっている。また現地実行委員会や参加者のつながりは，その地域に社会教育に関するネットワークや組織をつくることにつながっており，地域内での学習会やフォーラムが開かれている。

（2）「学習」に再び自己教育・相互教育の視点を

　九条俳句訴訟（2014年）を自己教育運動の視点からみると，不掲載の問題を作者以外の住民が報道により知り集まって，さいたま市への抗議や話し合いを行い，市民集会を開催し，研究者の意見も求めながら世論を形成していった。やがて住民たちは，「『九条俳句』違憲国賠訴訟を市民の手で！　実行委員会（「九条俳句」市民応援団）」としてさらに輪を広げ，俳句作者と訴訟を支えていく。住民・研究者集団・弁護団による学習を伴いながらの訴訟に関する動きは，自己教育運動そのものといえる。また，問題が起こってからの動きの速さや市民応援団のメンバーが俳句会に入るなどして「楽しく活動を続けていく」という強さの背景には，事件以前に地域で活動していた一人ひとりの住民の力，つまり自己教育運動の力があった。

　1950年代に住民のなかに生まれた自己教育運動が，公的社会教育に働きかけ，また公的社会教育から住民に自己教育運動を起こすような働きかけが行われるようになるなかで，公的社会教育は地域づくりや地域福祉と結びつくようになった。一方，社全協のように民間団体のなかに自己教育運動を一貫して継続している団体も存在する。

　九条俳句問題は，この問題にかかわる市民にとっては，公民館が本来の意味での「社会教育」施設でなかったかもしれないことを教えてくれた。社会教育の本質が自己教育・相互教育にあるということを忘れ，社会教育施設ではなく与えられたものを“個人が学習する場”としての公民館という概念が，いつのまにか公的社会教育側や社会のなかにもできてしまったために起きたともいえる。俳句を「公民館だより」に不掲載にしても，原告や俳句会の「学習」を阻害していないという裁判でのさいたま市の主張からもそれがうかがえる。

誰かに与えられたものを一人で学習しているだけでは，複雑な課題に対応する実践の力は十分に育たない。ユネスコ『未来の学習』にある「教育の客体を，自己自らの教育を行う主体に」育てるために，公的社会教育の場に限らず，自己教育・相互教育の視点を忘れずに学習を組み立てることが必要である。「九条俳句」市民応援団は，さいたま市内で小さな学習会「みんカフェ」（公民館カフェの略）に 2017 年秋から取り組んだ。自己教育・相互教育を本質とする社会教育の，再スタートの一歩となるかもしれない。

（3）コロナ禍での自己教育

　コロナ禍では人々の間に多くの不要の分断が生まれた。なぜ生まれてしまうのか。たとえば，新型コロナワクチンの接種忌避については，雑誌や YouTube からの情報が忌避に通じることなどを明らかにしている研究がでてきている。コロナ禍では，命にかかわる判断を自己教育だけでしようとすることの困難さがみえる。

　変異を繰り返すウイルスに対し国全体としての試行錯誤のなか，Twitter 等で正しい医療情報の発信者に出会い正しい判断をすることもあるだろうが，行政から一方的に出される情報をキャッチするにもリテラシーが必要になる。はじめの緊急事態宣言下での学校一斉休校時に多くの社会教育施設も休館措置をとり，公共の教育機関の情報が得られない，学びあうべき場所がない事態を招いた。集まることが感染を広げるのではないかという不安も広がり，他の場所で集まることすらも人目を気にせねばならないケースもあった。命にかかわることの教育の機会や学びあいを，行政としてどのように保障するかが今現在も問われている。

　　読者のための参考文献
　・ガート・ビースタ『よい教育とはなにか』藤井啓之・玉木博章訳，白澤社，2016 年
　・鈴木敏正『自己教育の論理　主体形成の時代に』筑波書房，1992 年
　・佐藤一子・安藤聡彦・長澤成次編著『九条俳句訴訟と公民館の自由』エイデル研究所，2018 年
　・上田幸夫『公民館を創る』国土社，2017 年

第4章

貧困や社会的排除に抗する学び

　18世紀にフランスの哲学者ルソーは，それまで単に親の付属物とばかりみなされてきた子どもを，一人の人格を有した人間として位置づけた。19世紀末のイギリスでは，産業革命期において低賃金で過酷な労働を強いられてきた子どもたちを保護する工場法を成立させて児童労働を禁止し，また子どもの健全な発達・成長を保障するために義務教育制度を整備した。1900年にはスウェーデンの思想家エレン・ケイが『児童の世紀』を著し，20世紀は子どものための世紀にならなければならないと宣言した。

　20世紀に入ると，国際連盟において「児童の権利に関するジュネーブ宣言」が採択され（1924年），第二次世界大戦後には国際連合において「児童の権利宣言」（1959年），そして「児童の権利に関する条約」（いわゆる「子どもの権利条約」）が採択された（1989年）。この全54条からなる条約は，生存・発達・保護・参加の4つの権利を柱とする包括的な子どもの権利をうたっている。こうして私たちは，社会の構成員としての子どもの権利を，すべての人類が共有すべき普遍的理念として獲得するに至ったのである。

　日本でも，「平和のうちに生存する権利（平和的生存権）」をうたう新しい憲法のもと，戦後間もない1947年に「児童福祉法」を制定し，ほかの福祉分野に比べていち早く子どもの福祉制度を整備した。その第1条では「すべて国民は，児童が心身ともに健やかに生まれ，且つ，育成されるよう努めなければならない」「すべて児童は，ひとしくその生活を保障され，愛護されなければならない」とうたっている。1951年には「児童憲章」を採択し，その前文で「児童は，人として尊ばれる」「児童は，社会の一員として重んぜられる」「児

童は，よい環境の中で育てられる」とうたった。そして，国連での採択から5年後の1994年に「子どもの権利条約」に批准した。

しかしながら，現実の日本社会をみると，子どもの権利が十分に保障されているとはいいがたい状況にある。厚生労働省「国民生活基礎調査」によれば，日本の子どもの相対的貧困率は1990年代半ば以降おおむね上昇傾向にあり，2012年には過去最悪の16.3％に達した（2019年は13.5％）。また経済協力開発機構（OECD）によれば，2010年時点での日本の子どもの相対的貧困率はOECD加盟国34カ国中10番目に高く，平均を上回っている。とくに，子どもがいる現役世帯（世帯主が18歳以上65歳未満）のうち，大人が1人の世帯の相対的貧困率は加盟国中最も高く，2012年の統計では54.6％となっている（厚生労働省「国民生活基礎調査」）。このような現状をふまえ，国としては2013年に「子どもの貧困対策の推進に関する法律」を制定し，2014年には同法に基づき政府が「子供の貧困対策に関する大綱」を定めるに至っている。

このような子ども・子育て家庭の困難状況の背景には，1990年代の構造不況および一連の新自由主義的「改革」による日本社会全体の貧困化・格差拡大がある。ただし，ここでの課題は単に子ども・子育て家庭が金銭的に困窮しているというだけではない。「自己責任」「受益者負担」などの言葉に象徴される市場原理・競争主義的な「改革」により，社会的・共同的に担われてきた子育て機能が商品化・私事化され，子ども・子育て家庭の孤立化がよりいっそう深刻化していることもまた大きな課題である。このことが，児童虐待やドメスティック・バイオレンス（DV）といった新たな社会問題を引き起こす要因となっているのである。したがって，現代における「子どもの貧困」は子ども・子育て家庭の金銭的貧困のみならず，子育ての孤立化に示される関係の貧困，その帰結としての心の貧困などを含めた社会的排除（Social Exclusion）の問題ととらえる必要がある。

社会的排除の概念は1980年代末から欧州連合（EU）の公式文書に登場するようになり，1990年代後半以降にはグローバルな政策的課題として広く認識されるようになった。内閣府が設置した社会的排除リスク調査チーム（2012年）

によれば，社会的排除とは「物質的・金銭的欠如のみならず，居住，教育，保健，社会サービス，就労などの多次元の領域において個人が排除され，社会的交流や社会参加さえも阻まれ，徐々に社会の周縁に追いやられていくこと」とされている。このような社会的排除を差し当たり「自らの所属する社会の構成員として十分に扱われないこと」と理解すれば，本来的に社会的存在である人間の前提条件が奪われるということである。それは人間の尊厳，すなわち人権にかかわる問題である。

　子ども・子育ての課題に即していえば，社会的排除問題としての子どもの貧困問題とは，私たちが歴史的に発展させてきた子どもの人権が再び否定される事態にほかならない。したがって，社会的排除を克服し社会的包摂（Social Inclusion）をめざす実践としての子どもの貧困対策とは，当事者である子ども・子育て家庭の側からすれば本来保障されるべき権利を回復するということであり，当該社会の側からすれば再び子どもを自らのうちに十全に包摂・包容するということになる。その実践は排除型社会を乗り越え，子どもの権利を保障する持続可能で包容的な社会をつくる活動であり，これを地域において展開するならば，それは「地域づくり」にほかならないのである。

　こうした意味での子どもの貧困対策を地域で展開している北海道稚内市の実践を検討し，貧困・社会的排除に取り組む社会教育・生涯学習のあり方を考察する。

4-2　地域ぐるみの子育て運動の展開

（1）事例概要

　稚内市は北海道の最も北に位置する，漁業・水産業を基幹産業とする地方都市である。人口は1975年の5万5,464人（国勢調査）をピークに減少を続け，2020年には3万3,563人となっている。子どもの数が急速に減少するなかで近年は学校統廃合が続いており，2022年の学校数は小学校11校（市街地5校），中学校7校（市街地4校），高校2校（公立，私立），公設民営の私立大学が1校という状況である。

子どもの貧困が社会問題化するなか，2015年に「稚内市子どもの貧困問題プロジェクト」を組織し，「オール稚内」による子どもの貧困対策に取り組みはじめた。その実践は，長年にわたって継続している市民ぐるみの子育て運動の蓄積を土台として展開している。同時に，このプロジェクトは単に地域における子どもの貧困対策に取り組むのみならず，子育て運動そのものの限界を乗り越え発展，拡張させていく契機として意識的に取り組まれている側面もある。まず，子育て運動の展開とその意味を検討することとしたい。

（2）稚内市の子育て運動

　稚内市の子育て運動の直接の出発点は，1978年の「非行問題懇談会」であった。1970年代半ば，いわゆる「200カイリ規制」により稚内市の基幹産業である漁業・水産業が深刻な打撃を受けた。この影響で地域経済が急激に落ち込み，市民の生活も苦しいものとなっていった。こうした地域や家庭の困難，そのなかでの親や大人たちの不安定さが子どもたちに影響し，学校現場で非行や暴力，いじめが多発した。その事態は，もはや学校・教師だけでは対処しきれないレベルにまで達していた。

　こうした事態を受け，教職員組合の呼びかけにより地域の教育・子育てにかかわる19団体の代表が集って組織されたのが「非行問題懇談会」（1978年1月）である。そこでは，子どもの幸せを守るために，親・教職員・地域の大人がどうあるべきかが真剣に話し合われた。その成果は同年5月に「父母も教職員も市民もしっかり手を結んで心身ともにすこやかな子どもを育てよう」というメッセージをのせた『共同アピール』としてまとめられ，市内全戸に配布された（図4.1）。

　「共同アピール」の作成・全戸配布を契機とし，地区（学区，町内会）ごとに，そして全市的にも子育て・教育関係者をはじめ多くの市民が集い，学び合う，話し合いや講演会が重ねられた。その成果は，1981年に「共同アピール」の発展形となる『子育て提言』としてまとめられた。これ以降，「子育て提言」は時代の変化に合わせてバージョンアップを続けながら現在に引き継がれている。

図 4.1　共同アピール（1978 年）

　こうした運動をより発展させ，持続可能なものにしていくため，1984 年に
は稚内市長を会長とし，市内ほぼすべての子育て・教育関係機関・団体の参加
する「稚内市子育て推進協議会」が設立された。同時に，地区ごとの特徴や条
件に即した活動を重視し，中学校区単位で「地区子育て連絡協議会」，小学校
区・町内会単位で「子育て連絡会」が組織された。これにより，全市－中学校
区－小学校区・町内会の各レベルにまたがる重層的組織を中核とする，市民ぐ
るみの子育て運動を進める体制が確立した。その後，現在に至るまで全市的な
毎年の教育講演会や子育て交流会など，地区単位での各地区子どもフェスティ
バルや地区固有の「子育て提言」の策定などの多様な取り組みが展開している。
　稚内市の子育て運動を理解するうえで欠かせない出来事に，1983 年に稚内
市からわずか 100km ほどのソビエト領空で民間旅客機が撃墜され，多くの人
命が失われた「大韓航空機撃墜事件」がある。この事件を契機とし，1986 年

に『子育て平和都市宣言』が市議会の全会一致で採択された。その一節に「ふるさとの次代を担う子どもたちのすこやかな成長と平和なまちづくりをすすめることは、すべての大人の責任である」とうたわれ、子育て運動の指針として現在も息づいているのである。

　こうして、家庭・学校・地域の各現場において、教職員・保護者・市民それぞれの立場で大人たちが集い、語り合い、力を合わせて子育て・教育に取り組んできたのが稚内市の子育て運動である。その出発点となった非行問題の背景には深刻な地域経済の疲弊、すなわち地域の貧困があった。そうした背景もあり、子育て運動は当初から貧困問題、そして地域づくりと不可分のものとして展開してきたのである。

　この子育て運動の成果として次の3点があげられる。第一に、全市レベル・地区レベルの重層的な組織化により、地域に根差した持続的な運動として定着したことである。とくに、中学校区や町内会という地区単位で、地域に根差した組織づくりをしている点が固有の特徴といえる。第二に、「子どものため」で一致して地域の大人たちが立場を越えて集い、語り合い、力を合わせることができる地域文化が醸成されたことである。稚内市には、ほかの場面では意見をたがえるような住民同士でも、「子どものため」という点では自然に協力して活動できるような独特の雰囲気がある。それは、長年にわたり地域に根差して取り組んできた子育て運動が育んだ、稚内固有の地域文化といってよいだろう。第三に、学校・教師を核とした家庭・学校・地域の連携による地域子育て協同を志向する「親育ち・教師育ち・大人育ち」のための「学び合い」の活動が定着したことである。運動の出発点から一貫して大切にされている「学び合い」の学習実践こそが、子どもを真ん中においた地域のつながりを広げ、力合わせの関係をつくり、地域文化を育みながらともに地域課題を克服していく子育て運動の本質である。

　しかし、日本社会全体の貧困化を背景に地域経済がさらに疲弊するなか、地域の子ども・子育てをめぐる課題は複雑かつ深刻化しており、従来の枠組みによる子育て運動には限界がみえてきた。稚内市の子育て運動は「子どもの貧

困」を現局面における本質的課題に据え，それに抗する実践を通して子育て運動そのものの発展を図ることとなる。つぎに，その主要な取り組みを取り上げ，その意義を検討する。

4-3 子育て運動と子どもの貧困対策

（1）稚内市子どもの貧困問題プロジェクト

　稚内市において子どもの貧困対策事業が展開した背景には，政府による「子供の貧困対策に関する大綱」策定がある。ただし，それは外的な契機である。より本質的な契機は，子育て運動の過程で，とくに不登校支援を主目的に取り組んできた「地区子ども支援ネットワーク」のケース会議のなかで，地域における子どもの貧困の存在・拡大が，関係者間で課題として意識化されてきたことにあった。こうして，2015年に稚内市における子どもの貧困対策の中核として組織されたのが，「稚内市子どもの貧困問題プロジェクト」である。

　本プロジェクトの組織体制は，「稚内市子どもの貧困対策本部会議」とその下におかれた「稚内市子どもの貧困対策プロジェクト会議」の2重構造であり，事務局は市教育委員会学校教育課である（図4.2）。そのうち実働組織たる「子どもの貧困対策プロジェクト会議」では，市内の教育・福祉・医療の各領域において子ども・子育て家庭の支援等に取り組む関係者が市内4地区（中学校区）単位にチーム化（各10名程度）され，各地区の実態に即した対策を協議・検討している。子どもの貧困対策を教育委員会が主管し，地区（とくに中学校区）単位での取り組みを基礎にしているのは，プロジェクトが子育て運動を土台としているからである。

　このプロジェクトの具体的な活動は，①地区別チームによる協議（年数回），②稚内市子どもの貧困対策に関する提言書『子ども達の貧困の連鎖を断ち切る「学び」と「地区別ネットワーク」の充実を』の策定（初年度），③稚内市子どもの貧困対策市民シンポジウム（年1回），④研究紀要『わっかないの子ども・若者』の発行（隔年），⑤地区における中核的担い手を育成する「地域連携コーディネーター養成講座」の開催（隔年）などである。

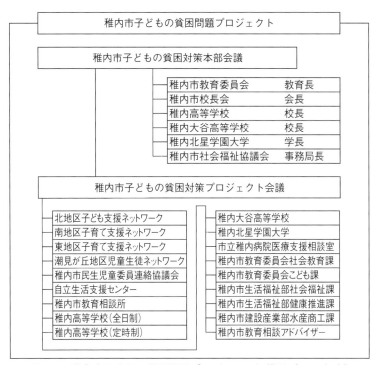

図4.2 稚内市子どもの貧困問題プロジェクト組織図（2015年度）

　このうち，下記の提言書は稚内市における子どもの貧困対策の基本理念と重点施策を示し，さらに具体的に取り組むべき事項を18項目に整理しており，活動計画書としての機能をもっている。

稚内市子どもの貧困対策に関する提言書（抄録）
「子ども達の貧困の連鎖を断ち切る『学び』と『地区別ネットワーク』の充実を」

1．基本理念
　『連携』をキーワードに『オール稚内』で取り組みましょう

2．重点施策
　『全市的ネットワーク』を生かし，中学校区単位の地区別ネットワークで子どもをサポートします

3．具体的提言事項

子どもの貧困対策 18 提言

（1）　教育連携を軸に子どもの支援を強めましょう

　①教育連携で子どもの学習サポートを強める

　②SC・SSW などによる相談体制を強める

　③『グングン塾』（放課後塾・無料塾）などの旺盛な取り組みを強める

　④ネットワークづくりや地域づくりの研修講座を実施する

（2）　幼保小中高大のライフステージに応じた子ども支援に取り組みましょう

　⑤家庭教育への応援体制を強める

　⑥小学校段階からキャリア教育を実施する

　⑦困窮家庭への支援を強める

　⑧コミュニティスクールを生かした包括的支援体制を強める

　⑨教育連携会議を立ち上げ，連携体制と一貫体制を強める

　⑩小中高大をつなぐコーディネーターを配置する

（3）　若者の雇用を生み出す行政施策で貧困解消を目指しましょう

　⑪住居・就労に関する個別支援を強める

　⑫多子世帯の保育料の軽減措置拡大・中学生までの医療費軽減をすすめる

　⑬稚内型『小中高大連携あんしん修学資金制度』を実現する

　⑭ひとり親家庭への福祉資金貸付金の充実・改善を図る

（4）　市民参加の調査・研究活動，学び合いを進めましょう

　⑮『子どもの貧困対策市民シンポジウム』を毎年開催する

　⑯『子どもの貧困アンケート』を実施する

　⑰『子どもの貧困研究紀要』を毎年発行する

　⑱全国交流・全道交流を重視し，自主研修・視察研修を強める

　このプロジェクトの成果として次の 3 点をあげておきたい。第一に，幼保小
中高大の学校間連携体制が整ったことである。プロジェクト 2 年目に「子ども
の貧困対策本部会議」を発展的に解消し，当初の市内小中高大の各学校に加え，
新たに幼稚園・保育園，養護学校が参加して「稚内市教育連携会議」を組織し
たことがその象徴である。第二に，学校間連携および教育・福祉・医療の連携
の実質的発展である。プロジェクトの活動を契機に，地区子ども支援ネット
ワークなどでの具体的な連携活動が進展しはじめている。第三に，住民団体と
の連携の進展である。プロジェクトメンバーが中心となり，2016 年に市内で

「子ども食堂」を運営するために，新たな住民団体「地域食堂"ふらっと"」を組織して実践を開始した。「地域食堂"ふらっと"」はあくまでボランタリーな住民団体だが，本プロジェクトを媒介として教育・福祉・医療の関係機関・団体との密接な連携により活動している。

（2）地区子ども支援ネットワークの展開

現在の子育て運動において，最も実践的に子ども・子育て家庭支援に取り組んでいるのが「地区子ども支援ネットワーク」の活動である。この活動は，稚内市子どもの貧困問題プロジェクトの内的契機であると同時に，プロジェクトを契機としてその実践自体を発展させてもまいる。

2000年代半ばごろから，市内各学校の不登校支援に取り組む過程で，経済的困窮を背景とする家庭環境の悪化が明らかとなり，子ども・家庭への福祉的支援の必要性が課題化されてきた。そこで，子育て運動が蓄積してきた家庭・学校・地域の連携を土台とし，新たに，①医療・福祉と連携すること，②小中学校の枠を越えた学校間連携により，子ども・家庭への地域ぐるみの包括的・継続的な支援体制の確立をめざすこととなった。そして，小中学校のスクールソーシャルワーカーがコーディネートし，市街地の4つの中学校区単位に「サポートチーム」を組織した。それが「地区子ども支援ネットワーク」である。

このネットワークの組織構成は，各地区小中学校の管理職・指導部長，スクールソーシャルワーカー，民生委員・主任児童委員，教育相談所，地区内の幼稚園・保育園，さらに「子どもの貧困問題プロジェクト」を契機に市内高校（定時制），市内大学が全地区に加わっている。こうしたメンバーが月1回程度の会議をもち，困難をかかえる子ども・家庭のケースをもち寄り，共有し，それぞれの立場から支援策を提案し，方針を確かめ合うことを基本活動としている。

地区子ども支援ネットワークの意義として，第一に民生委員・主任児童委員の参加がある。民生委員・主任児童委員が各地区および市内のソーシャルキャピタルにより，学校や教育関係者だけでは困難な，一定程度家庭に踏み込んだ

支援が可能になった。これにより第二に，従来の子育て運動が進めてきた教育的支援の前提となる，福祉的支援を含めた子ども・家庭支援が可能となった。実際に，このネットワーク活動によってはじめて福祉機関・制度につながることができた子ども・家庭もある。第三に，小中学校を中心としながら，幼稚園・保育園，高校・大学との連携（幼保小中高大連携）が具体的に進展したことである。これにより，幼児～青年期までの子ども・家庭への見守り・支援体制が現実化しつつある。

（3）子どもの貧困問題をめぐる学習・教育の実践

　子育て運動を土台とする稚内市の子どもの貧困対策をめぐる活動には，多様な学習実践が組み込まれている。

①　放課後塾・無料塾

　市内の小中学生を対象とした学習支援活動である。子どもたちの基礎学力の定着や活用力の向上を目的として放課後や長期休み期間に開催されており，地域的・経済的な事情により民間の塾に通うことが困難な子どもたちの受け皿となっている。指導員は元教師のほか，地元大学で教員免許取得をめざす学生による無料塾もある。とくに後者のような将来の学校教育を担う学生たちにとっては，貧困をはじめ多様な背景をもつ子どもたちへの理解を深める学習機会にもなっている。

②　子どもの貧困に関する講習会・シンポジウム

　広く市民を対象に，子どもの貧困に関する学習機会を設定している。「子どもの貧困連鎖 STOP 講習会」は，子どもの貧困問題の専門家を講師として2017 年・2019 年に開催された。子どもの貧困問題プロジェクトメンバーをはじめ，市内の子ども・子育て関係者を対象としている。受講者には修了証として「地域連携コーディネーター認定証書」を授与し，意識的に子どもの貧困問題に取り組む担い手育成をめざしている。また，毎年開催される「子どもの貧困対策シンポジウム」は，プロジェクトの成果報告を中心に市民全体で子どもの貧困問題について学ぶ機会となっている。

③　プロジェクトの協議を通した「学び合い」

　子どもの貧困問題プロジェクトは，「研究活動」であることが基本的位置づけとなっている。とくに地区別チームによる協議を基本活動とし，そこでの「研究」協議自体が地域における子どもの貧困問題に対する理解を深めるとともに，そのプロセスを通して多職種から成るメンバー間の相互理解・関係性を深める「学び合い」の学習実践として意識的に組織されている。先にプロジェクトの成果として示した幼保小中高大連携，教育・福祉・医療連携，住民団体との連携をそれぞれ媒介しているのは，やはり子育て運動の本質である「学び合い」である。ここでの「学び合い」が「地区子ども支援ネットワーク」等の具体的な実践の発展へと結実していることは先に述べたとおりである。

4-4　子どもが育つ地域をつくる

　地域における子どもの貧困問題に抗する諸実践をとおし，稚内市の子育て運動は自らその限界を乗り越えようとしている。その要点は子育て運動の課題・対象・主体の拡張である。

　第一に，子どもの学習権保障から生存権保障へという課題の拡張である。非行問題を出発点とする従来の子育て運動の直接的課題は，子どもの学ぶ権利・教育を受ける権利の保障という「教育的課題」にあった。しかし，現在は子どもの貧困という，教育以前の「福祉的課題」へのアプローチが同時に求められている。教育・福祉・医療の連携が追求されているのは，このような課題の再設定が背景にある。

　第二に，児童・生徒期から就学前および青年期への対象の拡張である。中学校区を基本単位としてきた従来の子育て運動の対象は，学校（とくに小中学校）に通う年齢層の子ども・家庭であった。しかし，子どもの貧困問題・社会的排除問題に抗するには，世代間連鎖の問題を含め，より広い年齢層を視野に入れた継続的なアプローチが求められる。それゆえに幼保小中高大の連携が追求されているのである。

　第三に，教職員から市民への中核的主体の拡張である。この間，子育て運動

をコーディネートしてきた中核的主体は小中学校の教職員であった。しかし，子どもの貧困のように複雑・多様な新しい課題が次々と現れてくる現代社会では，時代の変化に敏感で，柔軟で新しい発想と実践力をもつNPOなどの市民団体や個人の積極的な参加が求められる。地域連携コーディネーターや「地域食堂“ふらっと”」のような地域住民・団体の育成と連携が追求されているのはそのためである。

　こうした実践が長年にわたって持続し，「子どもの貧困」のような現代的課題に抗するうえでも力を発揮している要因は，その一貫した方法論にあると考えられる。すなわち，子どもを真ん中においた「学び合い」の徹底である。全市レベル・地区レベルのあらゆる機会，あらゆる場面で「学び合い」が徹底されているからこそ，運動の限界を克服する契機を自らの内に見いだし，課題を再設定し，ネットワークを広げながらその活動を理論的かつ実践的に拡張・発展させつづけられるのである。

　稚内市における子育て運動の展開は，学校・教師を核とした地域の大人たちのネットワーク化（地域子育て協同）による「子どもが育つ地域づくり」の歴史であったといえる。「子どもが育つ地域」は多様に定義できようが，「子どもの権利条約」にうたわれた4つの権利（生存・発達・保護・参加）に即していえば，「子どもが周囲に守られながら安心して生活し，健やかに成長することができ，ありのままに自由に発言・活動することができる地域」と理解することができるだろう。その意味で，子育て運動はグローバルな課題である貧困・社会的排除問題を地域において克服し，包容的な地域社会をつくる努力を不断に続け，自ら持続的に発展しつづけているとみることができる。

　また，1970年代末に出発し現在に至るまで持続している子育て運動は，グローバリゼーションの時代＝生涯学習の時代のただなかで，時代の基本課題の一つである貧困・社会的排除問題に対して正面から向き合い，「学び合い」によって自己形成しながら抗しつづけてきた。その意味では，子育て運動とは，地域の「学び合い」を広範かつ重層的に組織することを通して地域課題の克服に取り組む「社会教育実践」にほかならない。稚内市における子育て運動のこ

うした側面に，貧困・社会的排除に取り組む社会教育・生涯学習の本質的なあり方を見いだすことができるだろう。

読者のための参考文献
・鈴木敏正『持続可能で包容的な社会のために―3・11 後社会の「地域をつくる学び」』北樹出版，2012 年
・厚生労働省『社会的排除にいたるプロセス―若年ケース・スタディから見る排除の過程』社会的排除リスク調査チーム，2012 年
・松本伊智朗・湯澤直美・平湯真人・山野良一・中嶋哲彦編著『子どもの貧困ハンドブック』かもがわ出版，2016 年
・松本伊智朗編，佐々木宏・鳥山まどか編著『(シリーズ子どもの貧困3) 教える・学ぶ―教育に何ができるか』明石書店，2019 年
・松本伊智朗編，山野良一・湯澤直美編著『(シリーズ子どもの貧困5) 支える・つながる―地域・自治体・国の役割と社会保障』明石書店，2019 年

第 5 章
環境問題に向き合う学び

社会問題としての環境問題

（1）なぜペットボトルは透明なのか

　本書を読んでいる皆さんの多くは，一度はペットボトルを手に取ったことがあるだろう。そのとき，こんなことを不思議に思ったことはないだろうか。たとえば，スポーツドリンクの入ったペットボトルは，キャップが青色で，ラベルも青色を基調としたものが多い。緑茶の入ったペットボトルは，キャップが緑色で，ラベルも緑色を基調としたものがほとんどである。ペットボトルの飲料では，スポーツドリンクのように，その内容物のイメージを表すようなキャップやラベルが使われていたり，緑茶のように内容物の色に合わせたキャップやラベルが使われていたりすることがほとんどである。にもかかわらず，肝心のペットボトルそのものには，何の着色もされていない。試しに，近くのコンビニやスーパーで飲み物のコーナーを見てみてほしい。おそらく，透明のペットボトルがズラリと並んでいるはずである。

　キャップやラベルには着色されているにもかかわらず，どうしてペットボトル本体には何の着色もされず，透明なペットボトルが使用されているのだろうか。それは，資源の有効活用のためにリサイクル（再資源化）をどう進めるかという課題に業界団体が取り組んできたことと関係がある。ペットボトルのリサイクルでは，回収したペットボトルを粉砕したフレークや，フレークを溶かしたペレットといった原料に変える。そのとき，着色されたペットボトルからは，着色されたフレークやペレットしかつくることができない。そのため，たとえペットボトルをリサイクルしたとしても，ペットボトルに着色が施されていると，使用用途が限定されるという問題が出てきてしまうのである。

こうした技術的なことをふまえて，ペットボトルの製造メーカーや中身の
メーカーなどの業界団体が集まってつくっている PET ボトルリサイクル推進
協議会では，ペットボトルのリサイクル推進を目的に，リサイクルしやすい
ペットボトルづくりのための「自主設計ガイドライン」を制定し，ペットボト
ルのボトル部分は「無色透明のみ」とすることにしている（PET ボトルリサイ
クル推進協議会ホームページ http://www.petbottle-rec.gr.jp を参照）。
　そのため，現在は国内では透明のペットボトルのみが製造されており，私た
ちが普段目にするペットボトルも，海外から輸入されたミネラルウォーターな
どで青色や緑色のペットボトルを使用しているものがあるのを除くと，透明の
ものが使用され，私たちの日常生活に溶け込んでいるのである。

（2）「環境問題に向き合う」とは

　私たちにとって身近であるペットボトルからは，次のようなことがみえてく
る。第一に，石油を原料としてペットボトルがつくられているように，私たち
の社会は自然に働きかけ自然を利用することでのみ社会生活を送りうることで
ある。第二に，便利だからといってペットボトルを無尽蔵に使用すると，石油
資源の減少や大量のごみの発生につながるように，自然の利用の仕方によって
は，持続的に社会生活を送ることができず，適正なかたちで自然を利用するた
めには，それが可能になるルールやシステムをつくり，そのルールやシステムの
なかで社会生活を送っていく必要があることである。そして第三に，普段は意識
せずに透明のペットボトルを使用しているように，自然を過剰に消費してしまう
社会のシステムであっても，あるいは適正な利用を進める社会のシステムで
あっても，すでにそれらは私たちの日常のなかに埋め込まれていることである。
　そして，これらのことは資源の有効利用の問題だけにとどまらない。気候変
動やオゾン層の破壊といった国境を越えて発生する地球環境問題にも，あるい
は地域レベルで発生する大気汚染や水質汚濁などの環境破壊にも，同様のこと
が当てはまる。一見すると，「環境問題」は自然の問題のようにみえるが，「環
境問題」は自然とかかわりながらでしか生きることのできない人間社会のあり

方を問うているのであり，環境問題とは社会問題なのである。

　以上のように，環境問題は，自然のなかで，自然を利用することでしか生きることのできない人間が自然とどのような関係をつくっていくか，その関係のあり方が問われている問題であり，人間社会のあり方が問われている社会問題である。そのため，人間が自然のなかで生き続けていくことのできない社会のかかえる課題を明らかにしたうえで，人間が自然との適切な関係のなかで生きていける社会を構想し，創造していくことが必要となる。

　本章のテーマとなっている「環境問題に向き合う」とは，社会の環境的持続不可能性を乗り越え，有限な自然環境のなかで，あらゆる人々にとって平等で公正な社会を創り出そうとすることである。そうした社会を創り出すうえで，社会教育や生涯学習ではどういった学習・教育活動が取り組まれ，それはどのような意義をもちうるのだろうか。「わが国において，環境学習は環境破壊に抵抗する教育，すなわち公害教育として出発した」（藤岡貞彦）とされるように，いまでは環境教育や「持続可能な開発（発展）のための教育」（ESD/Education for Sustainable Development）と呼ばれる教育の一つの源流は，公害教育に求められる（福島要一編『環境教育の理論と実践』あゆみ出版，1985年）。本章では，「環境問題に向き合う」学びの一つの典型事例として公害教育を取り上げ，その問いについて考えてみたい。

5-2　公害にみる問題把握の困難性と可視化

（1）公害にみる日本社会の特徴

　環境問題は社会問題であり，「環境問題に向き合う」とは，社会の環境的持続不可能性を乗り越え，有限な自然環境のなかで，あらゆる人々にとって平等で公正な社会を創り出そうとすることだと記した。それは裏を返せば，現代社会は環境的に持続不可能であるだけでなく，そこで生きる人々が不平等さと不公正さをかかえ込みながら生活を営んでいる社会だということになる。その社会のゆがみが最も深刻な形で表れている典型的な現象が，公害なのである。

　水俣病や新潟水俣病，イタイイタイ病，四日市ぜんそくなどでよく知られて

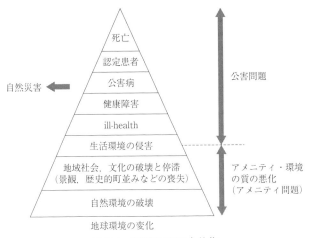

図 5.1　環境問題の全体像

出所：宮本憲一『戦後日本公害史論』岩波書店，2014 年

いるように，公害は人々の健康を蝕み，最悪の場合は生命を奪うほどの深刻な
被害をもたらす。図 5.1 は，環境問題の全体像について説明した図であるが，
ここに端的に示されているように，公害はある時点で突如として発生するので
はない。公害によって人々の健康障害が発生するよりも前から，自然環境の破
壊や景観の破壊といったアメニティ（生活の質）の悪化として進行する。そし
て，その問題性に気づくことができず，対策を講ずることができなかった場合
に，人々の健康と生命の破壊という深刻さを伴った問題として，公害は起こる。
その点で，公害は環境問題の「最終局面」なのである（宮本憲一『戦後日本公
害史論』岩波書店，2014 年）。

　欧米諸国の環境問題の中心が，自然環境や生活環境の侵害というアメニティ
問題であったのに対し，この「最終局面」である公害が主たる環境問題であっ
たところに，戦後日本社会の一つの特徴がある。しかも，公害が健康被害を起
こす深刻な環境破壊であったにもかかわらず，社会構造の根本的な見直しでは
なく「経済の健全な発展と調和が図られる」（公害対策基本法，1967 年）という
調和論がとられ，経済成長を妨げない範囲のなかで対策を講じようとした。こ
の点もまた戦後日本社会の一つの特徴である（宮本，同上）。社会の環境的持続

不可能性を乗り越え，有限な自然環境のなかで，あらゆる人々にとって平等で公正な社会を創り出すことを，単なるスローガンに終わらせることなく少しずつでも実現していくためには，こうした公害のような最も深刻な矛盾をかかえた社会の現実と向き合わなければならない。

（2）社会教育・生涯学習の課題

それでは，社会教育・生涯学習はそうした社会の現実とどのように向き合ってきているのだろうか。

第一に，公害は原因物質の解明や発生源の特定など，科学的に解明しなければならない問題が多く，環境破壊の現実と科学的に向き合うという課題がある。たとえば，1956 年に水俣病が公式発見された当初，伝染病の疑いがもたれ，「奇病」として扱われたように，その原因が特定できないことがある。また，原因究明が進み，原因物質が特定されたとしても，それに対して発生源や第三者から反対意見が出され，何が真実であるのかがわかりづらくなってしまう場合もある。多くの公害では，こうした公害発生→原因究明→反論提出→中和という 4 つの段階が認められるのであり（宇井純『公害の政治学』三省堂，1968年），その問題解決のためには，科学的調査を実施し，その成果に学びながら，問題を理性的にとらえるための学習が必要となるのである。

第二に，公害の被害が，時には生命さえも奪う深刻なものであるにもかかわらず，その実態の把握がいたって困難となる側面がある。公害による被害は，すべての人々に等しく生じるわけではない。高齢者や年少者などの「生物的弱者」や，低所得者といった「社会的弱者」など，一部の人々に集中するという特徴をもつ（宮本，同上）。しかも，公害の被害者は差別を受けることが少なくなく，そのため自身が公害の被害者であることを隠しながら生活を送っている場合もある。そのことにより，公害は，その被害の深刻さにもかかわらず，被害の実態が顕在化しにくいという特徴をもっており，被害の実態を明らかにしながら，学習を通じて公害の現実を認識する必要があるのである。

第三に，公害が風化や忘却の危険性を常にはらんでいるという課題がある。

環境問題を解決しようとする場合，必ず経済成長と環境保護の対立という課題が生じる。環境的な持続不可能性を乗り越えて平等で公正な社会を創り出そうとする動きと時に対立するかたちで，環境的な持続不可能性と人々の不平等さ・不公正さをかかえ込んだ現代社会のあり様を根底的には変えることなく社会を発展させようとする動きが，意図的にあるいは無意図的に存在する。そのなかでナオミ・クラインが気候変動に関して「奇妙な環境健忘症」（ナオミ・クライン『これがすべてを変える 上』岩波書店，2017年）と呼ぶような，環境破壊の危機から目をそらさせ，環境的な持続不可能性をかかえたこの社会を根底から見つめなおすことを妨げるような働きが，常に生じる。そのため，風化や忘却に対抗するための働きかけと学習が必要となるのである。

　以上のような課題に対して，社会教育や生涯学習の領域では，どのような取り組みが行われてきたのだろうか。

（3）学習を通じた科学的認識の形成—高次の共同学習

　社会教育では「身近な生活課題を共同の力で解決することを目指す，小集団による学習の方法であり運動」のことを「共同学習」と呼び（大村惠「共同学習」日本公民館学会編『公民館・コミュニティ施設ハンドブック』エイデル研究所，2006年），参加者による「話し合い」を通じて相互に学び合うこの学習方法を重視してきた。この方法は，高度経済成長による社会の変化に伴う課題の高度化によって停滞したかにみえたが，巨大地域開発や公害が身近な生活課題となり，地域の自然環境を科学的な視点で調査し，その成果をもち寄って学び合う学習が展開されたことで，「生活」に「科学」が結びついた問題解決学習として，すなわち「高次の共同学習」としてとらえ返されるようになった（藤岡貞彦『社会教育実践と民衆意識』草土文化，1977年）。「高次の共同学習」の代表的な事例が，沼津市・三島市・清水町の石油化学コンビナート建設反対運動での学習会である。

　沼津市・三島市・清水町の石油化学コンビナート建設反対運動は，1963～64年に行われた住民運動である。この運動は石油化学コンビナート建設阻止のた

めの予防運動であったため，一つの争点は，石油化学コンビナートが建設された場合に公害が起こりうるかを科学的に実証できるかどうかという点にあった。そこで，石油化学コンビナート建設を疑問に思う住民たちが，専門家の協力を得ての地道な地域調査を実施するとともに，その成果に基づく学習会をいくどとなく重ねたことが，この運動の特徴であった。

とくに，調査と学習会において重大な役割を果たしたのは，地元の沼津工業高校の教師たちである。沼津工業高校の教師たちが果たした役割の一つは，住民にとって身近なものを利用して地域の自然環境の調査に取り組んだことであった。たとえば，5月上旬の連休時期には，約10日間，朝6時から夜8時までこいのぼりの向きを調べ，それを地図上に写すことで，市内の風向きを計測した。また，バイクや車に温度計をつけ，一晩中走り回ることで，逆転層が発生するかどうかを明らかにしていった（逆転層があると，通常とは異なり高度が上がると気温が上昇し，大気が上方に拡散しないため大気汚染が生じやすくなる）。こうした身近な自然の調査の成果が，地域で行われる日々の学習会のなかで利用され，共有された。この学習会で話者たちが意識したことについて，沼津工業高校の教師たちは，次のようにまとめている（西岡昭夫・吉沢徹「清水・三島・沼津石油コンビナート反対運動」日本行政学会編『公害行政』勁草書房，1968年）。

イ．住民の立場にたち
ロ．住民の無限の力を信じて
ハ．日常生活の中から学習の素材を求め
ニ．同じ内容を違った表現でわかるまで何回も日常使用する言葉で話し
ホ．一回話を聞けば聞かない人より利巧になったというような内容の話をし，翌日から隣り近所の人々に自信をもって話せるよう十分納得ゆくまで質疑応答をかわす
ヘ．計画した学習資料や話題をあらかじめ家族や隣近所の人々に見聞してもらい実になることを確かめてから学習会にもちこみ
ト．壇の上にのぼって話すと知識は素通りするから壇からおり
チ．視聴覚的手法を十分とり入れ
リ．専門別に担当話者をきめ学習会には話者数人が必ず参加する
ヌ．場所や時刻や参加人数の如何を問わず積極的に学習会に参加し
ル．人々が今どのような知識を要求しているかを的確に知るために関係諸分野の

研究を徹底的に学習し
- ヲ．住民と行動を共にしながら学習をさせてゆき
- ワ．不明な点は曖昧さを残さず不明といい，言うべきことははっきり言い切り，たえず相互の話を批判，反省し合いつつ学習会に参加

　これらのポイントを改めて整理し直すと，教師たちが重視したのは，①学習者への信頼（イ，ロ），②教育要求に関する仮説の設定（ル），③学習者の生活に根ざした科学的内容（ハ，ニ，ヘ），④感覚（二覚）に訴える方法〔スライドやビデオ〕（チ），⑤学習の共同性（ホ，ト，ヲ，ワ）にまとめられる。とくに，自然科学を一般的，抽象的なまま学ぶのでなく，住民にとって身近な生活と結びつけるかたちで学習することや，それを共同で学び合うことが重視されている点に，「高次の共同学習」としての特徴があらわれている。

　身近な地域を住民が専門家の協力を得ながら自ら調査し，それらをもち寄って共同的な学習を重ねることで，地域の自然を科学的に認識する。こうした「高次の共同学習」が，科学的な解明の求められる「環境問題に向き合う」学びのための教育的アプローチの一つである。

（4）聞き取り書きによる現実の可視化―公害記録

　公害を自然科学的側面からとらえるだけでなく，環境破壊が人々の生活にどのような影響を及ぼしているのか，その被害の実態をとらえることもまた「環境問題と向き合う」には重要である。公害による被害は，健康障害だけでなく，さまざまな生活上の困難（たとえば，靴が履けない，皿がうまく持てないなど）や，仕事を休んだり失ったりすることによる経済的な困窮，地域のなかの人間関係の断絶などさまざまに派生する。にもかかわらず，その現状は周囲の人々の目には顕在化しづらく，よほど目を凝らして見なければ可視化されることがない。そこで，被害者の生活現実を明らかにし，そこを出発点として認識するための学習が必要となる。その代表的な取り組みが三重県四日市市「公害を記録する会」の澤井余志郎による公害記録の実践である。

　公害記録は，生活記録の方法を下敷きに実践された「聞き取り書き」による

学習方法である。生活記録とは，学校を離れた青年や成人によって行われる，生活をありのままに作文に綴り，その事実や自身の思い，考えなどをリアルに認識する学習方法のことであり，1950年代に全国的に広く取り組まれた実践である。公害を記録する会の澤井は，1950年代に三重県四日市市の紡績工場で女工たちと生活記録運動に取り組んだことで有名な人物であった。1960年代半ばから公害反対運動に参加した澤井が，この公害記録に取り組んだのは，「なんPPMの汚染，なん人の被害・公害患者，四日市ぜんそくの症状，などといつたことはでてくるが，被害者・人間そのものは出てこない」（「記録『公害問題』の編集・発行について」1969年）現状に対して，公害の被害者を原点にした運動を進めていくことが必要だと考えていたからである。

　生活記録で重視されるのは，自身の生活や思い，考えが「ありのまま」に表現されることである。そのため，この生活記録を発展させた公害記録でも，その点に力点がおかれている。しかし，たとえば，ある人を人通りの多いところに連れていき，いきなり自分の生活や内面を人々に向かって語るよう言っても，語ることが無理なように，自身の生活や内面を「ありのまま」に表現するには，互いの関係がつくられていなければ表に出てくることがない。そのため，通常の生活記録は，自分の生活の事実を作文に綴る「書く」生活記録であるが，澤井が取り組んだ公害記録は「聞き取り書き」の生活記録というかたちをとっている。具体的には，①公害の被害者やその関係者のもとを訪ね，自身の生活や思いについて語った内容を録音する，②それをガリ版ですべて文字に起こす，③文字化したものを話し手に返すという方法である。足しげく被害者のもとに通い，関係を築きながら，「ありのまま」を浮かび上がらせる方法として，「聞き取り書き」という方法が用いられているのである（古里貴士「公害記録運動の成立とその性格」『社会教育研究年報』25号，名古屋大学大学院教育発達科学研究科社会・生涯教育学研究室，2011年）。

　このように，公害記録は，日々の生活のなかではみえにくい状態にある公害被害者たちの直面している現実を掘り起こし，その掘り起こされた現実に基づいて公害を認識することをめざす学習方法である。そして，これもまた被害の

現実が顕在化・可視化されにくい環境問題の現実を認識し「環境問題に向き合う」ための教育的アプローチの一つなのである。

5-3　記憶の共有と継承

　公害に関する記憶は，その被害が深刻であればあるほど，記録として残すことが困難となる。また，公害は「負の遺産」であるため，賠償金の支払いや環境破壊の改善など一定の「区切り」がついた場合，その「克服」がうたわれ，「過去」のものとして扱われる傾向にある。公害を単なる克服された過去として扱うのではなく，現在に連なる歴史としてとらえかえし，その経験と教訓を伝え，問題の風化と忘却を防ぐためには，意識的に記憶を掘り起こして，それを記録化し，継承していく実践が必要である。

　そうした実践の一例として，浦安市郷土博物館が取り組んだ本州製紙江戸川工場事件（通称，黒い水事件）に関する記録化の取り組みがある。黒い水事件は，1958 年 6 月，浦安の漁民たちが本州製紙江戸川工場へ乱入して起きた乱闘事件であり，本州製紙江戸川工場から未処理のまま排出された排水によって千葉県浦安町など江戸川下流の漁業に被害を与えたことにより起きた事件であった。この浦安市郷土博物館による実践は，黒い水事件から 50 年目の節目に実施され，2 冊の報告書『ハマ﹅記憶を明日へ』（漁業者・水産関係者編，2009 年）と『ハマ﹅記憶を明日へⅡ』（女性・子ども・水産関係以外の職業者編，2011 年）にまとめられた。

　この実践の特徴は，黒い水事件の掘り起こしと記録化を，歴史の専門家の手に委ねるのではなく，浦安市郷土博物館の学芸員と博物館ボランティアによって結成された「浦安・聞き書き隊」（以下，聞き書き隊）のメンバーによる共同の取り組みとして，約 1 年の間に黒い水事件の関係者 40 名への聞き取りを行い，記録化した点である。この実践では，学芸員 1 名と聞き書き隊メンバー 3 〜 4 名が語り手 1 名に対しインタビューを行い，速記録と録音による文章起こしを，話を聞いた聞き書き隊メンバーが実施，一度の聞き取りで不明な部分は文章起こしを担当したメンバーが，書籍か再度の聞き取りによる再調査で補足

写真 5.1 『ハマん記憶を明日へ』（2009 年）
『ハマん記憶を明日へⅡ』（2011 年）

するというように進められている。

　この実践では「あと 10 年，15 年経ちますと，ハマとともに生きてきた漁師町浦安のことを知る世代は，全くいなくなってしま」うため，「何とかして当時のことを一人ひとりの人生のなかから拾っていこう」（『ハマん記憶を明日へⅡ』）という理由で，すなわち「漁師町浦安」に生きた人々の記録を残すことが目的とされている。しかもそれが，「浦安のまちづくりのための活動にしたい」「過去・現在・未来をつなげる活動にしたい」「自己を見つめる」の 3 つの視点から計画され，記憶の掘り起こしと記録化を媒介として，学習と地域づくりが結びつけられている。この実践は，個々のライフヒストリーの聞き取りを，個人史としてとどめるのではなく，浦安という地域の歴史として編んでおり，しかも，それは浦安の人々が自然とどのようにかかわりながら暮らしてきたのかという人々の生活と環境との関係史にもなっている。

　こうした人々の生活と自然環境との関係の歴史を環境史と呼ぶとすれば，住民自らが環境史を掘り起こし，記録としてまとめ，共有すること。そして，自身が暮らす地域の環境史を紐解く過程のなかで，自身が暮らす地域のあり方を見つめ，さらには地域の未来を展望すること。そうした一連の学習がいま展開されていることに，記憶の共有と継承の可能性を見いだすことができる。

5-4　持続可能性の実現に向けて

（1）環境権認識の形成

　持続可能性（Sustainability）という言葉が，現在では社会のあらゆる場所で使われている。「持続可能」という言葉は，この表現を世に広めた「持続可能な発展」や「持続可能な開発」（ともに Sustainable Development の訳）だけでな

く，「持続可能な経済成長」「持続可能なビジネス」「持続可能な財政」など，多様な意味で用いられるようになっている。そのことによって，「環境と開発に関する世界委員会」（ブルントラント委員会）が「持続可能な」という言葉にこめた，環境か開発かという対立を超えた社会を展望しようとした視点，すなわち「将来の世代のニーズを満たす能力を損なうことなく，今日の世代のニーズを満たすような開発」（環境と開発に関する世界委員会『地球の未来を守るために』福武書店，1987年）という視点は，むしろ弱まってきている感もある。その点では，公害において調和論が用いられたのと同様の課題に直面しているともいえる。そうしたなかにおいても，前にみてきたような「環境問題に向き合う」学びの遺産に学びながら，環境的な持続不可能性を乗り越え，有限な自然環境のなかで，あらゆる人々にとって平等で公正な社会を創り出そうとするとき，どのような方向性が展望されなければならないだろうか。

　まず，その基礎に据えられなければならないのは，よき環境を享受する権利，すなわち環境権のあらゆる人々への保障である。環境権とは「人たるものが誰もが健康や福祉を侵す要因にわざわいされない環境を享受する権利と将来の世代へ現代の世代が残すべき遺産であるところの自然美を含めた自然資源にあずかる権利」（東京宣言）と説明される権利である（淡路剛久他編『権利と価値』有斐閣，2006年）。この権利は，1960年代以降に登場した新しい権利であり，それは「環境破壊の激化にともなって，しだいに自覚されはじめた一基本的人権であり，市民の権利意識の法理論化」（大阪弁護士会環境権研究会『環境権』日本評論社，1973年）されたものである。

　環境権が人々によって意識化されてからまだ日が浅く，憲法上においても25条（生存権）と13条（幸福追求権）が根拠とされ，いまだ明文化されてはいない。しかし，すでに自治体レベルでは，たとえば，神奈川県川崎市の「環境基本条例」が，その前文に「すべての人は，健康で文化的な生活を営む上で必要となる安全で健康かつ快適な環境を享受する権利を有する」ことをうたうなど，条例にその権利を規定する自治体も登場してきており，環境権は少しずつではあるが，社会的に認められるようになってきている。「国民に保障する自

由及び権利は，国民の不断の努力によつて，これを保持しなければならない」（憲法12条）のであれば，まずは人々が自身に環境権があることを認識し，その保障を求めることが必要となる。

そのためにも，「環境権認識の確立」を「環境教育の教育目標」として位置づける必要がある（藤岡貞彦編『〈環境と開発〉の教育学』同時代社，1998年）。もちろん社会教育や生涯学習においては，何のために学ぶのかを決定するのは学習者自身であり，誰かによって決定されるべきものではない。しかし，社会教育職員をはじめとする社会教育実践者は，個々の学習目的や動機を尊重しつつ，一方で学習者が自らを環境権の主体としてとらえられるよう展望しながら，「環境問題に向き合う」学びを組織化していくことが求められている。あらゆる人々の環境権が認められ，保障される社会を創るために，そうした社会を創りだし，維持していく基礎となる人々の意識形成に寄与することが，いま「環境問題に向き合う」学びに求められた課題の一つである。

（2）自然環境の発達的価値

また，自然環境のもつ発達的価値を改めて認識しておく必要がある。あらゆる人々は，豊かな発達の可能性をもつ「発達の可能態」として存在している。その可能性は子どもに限ったものではなく，青年や成人，高齢者も同様にその可能性をもっている。人間が発達の可能性を開花させるにあたって重要となるのは，自身のなかに生じる自らの変化を求める要求である「発達要求」が芽生えることである。この発達要求は，人々が活動の主体，あるいは生活の主体として，自らの掲げる何らかの目的を達成しようとして外界に働きかけた際に，現実との接点のなかで生まれるものである。そのため，外界である自然環境に働きかけることは，それ自体が人々の発達の機会となる。

しかし，公害に端的にみられるように，深刻な環境破壊は成長・発達を支える土壌を根底から破壊する。たとえば，福島県では豊かな自然のなかで，じかに自然と触れながら遊ぶことを通じて，子どもの育ちが支えられてきていたが，3・11の原子力発電所事故によって放射性物質で環境が汚染されてからは，子

どもたちが自然のなかで思いきり体を動かし，自然のなかで遊ぶ環境が失われた。下記は，そのことを象徴する2歳児を担当した保育者の手記である（福島県保育連絡会『福島の保育』第13集，2012年）。

> 原発事故があった2011年度は，年齢が小さいので砂を口にしてしまうのでは，という心配から乳母車に乗って園庭に限っての外あそびでした。4月からは自分の足で歩いて園庭に出てあそべるようになりました。砂をいじっていないかな，という予想に反して，だれも砂いじりをする子はいませんでした。十分に砂あそびする経験がなかったからでしょうか。砂はあそべるものという認識がないのでしょうね…。

豊かな自然環境が子どもたちの成長・発達を支える土壌となり，教育や保育の営みはその土壌の上に成立している。福島の子どもたちをとりまく状況は，そのことを逆説的に表している。このように，「環境問題と向き合う」ことは，人々の成長・発達を支える土壌としての自然環境を守るということを意味しているのである。また，その点では，環境権の認識は発達権の認識でもある。

（3）学習と実践の結合

以上の内容とかかわって，改めて確認しておきたいのは，「環境問題に向き合う」学びにおいては，学習がそれ自体で完結するのではなく，学習の積み重ねと，持続不可能な社会システムの変革のための働きかけが両輪となって取り組まれることである。その実践は，人々にとって身近な地域を舞台として，地域づくりとして各地で営まれている。たとえば，公害の発生地域（大阪市西淀川や倉敷市水島，川崎市など）では，「環境再生」をキーワードに，公害被害の救済や被害者の健康回復，自然の回復，アメニティのある地域づくりをひとつなぎのものとしながら統一的に取り組まれている（宮本憲一他監修，除本理史他編『西淀川公害の40年』ミネルヴァ書房，2013年）。

こうした学習と実践が結びついた「環境問題に向き合う」学びは，どちらかといえば，自己教育運動として展開されることが多い。しかし，「社会教育は大衆運動の教育的側面である」（枚方テーゼ）のであれば，当然ながら，行政が

関わって行われる社会教育活動もまた，学習と実践が結びついている「環境問題に向き合う」学びを保障することが求められる。この点は，「社会教育の自由」とかかわって，改めて課題とされなければならない。

（4）持続可能な社会に向けて

　これまで公害に焦点をあてて論じてきたが，持続可能な社会を実現するために向き合わなければならない環境問題は，公害だけではない。気候変動の問題は，「気候危機」（2020年版環境白書）と表現されているように，人間を含むあらゆる生物の生存を脅かす喫緊の問題になっている。実際に，2018年7月には，気候変動によって引き起こされた猛暑が発生し，多くの人が熱中症により健康を害し，最悪の場合，命が奪われている。また，新型コロナウイルスの脅威は，動物由来感染症である可能性が疑われていることから，人間の健康だけでなく，動物の健康，環境保全をあわせた三つの分野に一体的に取り組む「ワンヘルス」（One Health）アプローチが注目されるようになってきている。

　気候危機に対しては，若者たちによる Fridays For Future（FFF）の運動が世界的に広がり，国境を超えて連帯しつつ，日本各地で活動を展開している。こうした世界規模に視野を広めつつ，地域に根ざした活動に結び付きながら，社会教育・生涯学習が展開されなければならない。

【 読者のための参考文献 】
・藤岡貞彦『社会教育実践と民衆意識』草土文化，1977年
・藤岡貞彦『教育の計画化―教育計画論研究序説』総合労働研究所，1977年
・星野重雄・西岡昭夫・中嶋勇『石油コンビナート阻止：沼津・三島・清水，二市一町住民のたたかい』技術と人間，1993年
・澤井余志郎『ガリ切りの記―生活記録運動と四日市公害』影書房，2012年
・安藤聡彦・林美帆・丹野春香編著『公害スタディーズ　悶え，哀しみ，闘い，語りつぐ』ころから，2021年
・丸山啓史『気候変動と子どもたち　懐かしい未来をつくる大人の役割』かもがわ出版，2022年

第6章
地域づくりを育む社会教育・生涯学習

6-1　地域づくりと社会教育をめぐる課題

　今日のグローバリゼーションの進展のなかで，人々の暮らしは不安定化しており，暮らしを営む基盤としての地域においてさまざまな課題が現れてきている。そのような状況のなかで，ここ近年，さまざまな立場から「地域づくり」が語られている。

　その代表的なもののひとつが，地域創生政策であろう。この政策では経済成長の手立てとして地域創生が位置づけられている。2014 年，日本創成会議の人口減少問題検討分科会によって「増田レポート」が発表された。そのレポートでは，20 歳から 39 歳までの若年女性人口が 2010 年から 30 年間で半減以上になる自治体を「消滅可能性都市」として定義し，それに該当する全国 896 の自治体名を公表するものであり，多くの自治体に衝撃を与えるものであった。この「増田レポート」を契機として，安倍政権では人口減少問題を政策課題として位置づけた地域創生政策に乗り出していく。2014 年 9 月には，「まち・ひと・しごと創生本部」を創設し，さらには，地方自治体に対して地域の人口動向や将来の人口推計を示した「地方人口ビジョン」，そして，地域産業の実態などをふまえた「地方版総合戦略」の策定を，地方自治体に要請し，新型交付金による地方創生への財政的支援を行っていくこととしている。

　さらには，増田レポートの「自治体消滅論」を踏まえ，地方行政の在り方の見直しも進められている。2018 年における総務省の「自治体戦略 2040 構想研究会」報告では，「迫り来る我が国の危機」を乗り越えるために，新たな施策の開発と自治体行政の書き換えが必要とし，人口縮減時代におけるバックキャスティング思考に基づく戦略として，個別市町村のフルセット主義からの脱却，

スマート自治体への転換などが求められるとしている。

　だが，このような国主導の地方創生政策においては PDCA（Plan：計画，Do：実行，Check：評価，Action：改善）メカニズムのもと，KPI 指標（Key Performance Indicators；重要業績評価指標）をとおして地域創生の取り組みの効果検証と改善を行うこととしており，地域住民が地域の実情に応じて主体的に取り組んでいるものの効果を，人口の推移や経済的指標の到達度という観点によって「上」から測られ管理・統制されることとなり，自治体間の競争を煽ってしまうおそれがある。また「自治体消滅論」を前提とする自治体変革論も，あくまで行政サービスの効率化を意図したものであり，住民自治に基づいて自治体行政の在り方を考えようとするものではない。

　そうした政策の一方，小田切徳美は，自治体消滅論や地域創生政策は，地域住民の「そこに住むことの意味」を見失わせてしまうと批判し，今後において地域再生をしていくのであれば，地域住民が地域の課題に対して「当事者意識」をもつことや，地域の歴史や文化に対する「誇り」を育んでいくことにより「地域の潜在的な自治力」を再生していくことが求められると指摘している。この小田切の指摘を引き受けるならば，地域づくりと社会教育・生涯学習との関係性を考えることは重要であろう。これまで社会教育・生涯学習は，地域に住む人々が感じている生活実感を互いに持ち寄りあいながら，学習と実践を重ねることを通して，「地域の潜在的な自治力」を高める役割を果たしてきたと思われるからである。

　そこで，本章では，社会教育・生涯学習によって，いかに「地域の潜在的な自治力」を高め，住民主体の地域づくりを育むことができるのかを考えてみることとしたい。事例としては，社会教育・生涯学習を核として地域づくりを進めてきた長野県松本市と長野県北佐久郡望月町（現在の佐久市望月）の事例を取り上げることとし，現代に求められる地域づくりと社会教育・生涯学習とのかかわりの在り方について考えてみることとしたい。

（1）住民主体の地域づくり実践と公民館

　長野県松本市は，長野県中信地方に位置する人口約 24 万人の市である。この松本市の住民主体の地域づくりを支えるもののひとつに公民館の存在がある。松本市の公民館は，旧町村・小学校区域程度の日常生活圏エリアである 35 地区に常駐職員を配置した「地区公民館」，そして地区公民館の連絡調整機能を担う「中央公民館」が設置されている。さらに地区より小さな単位である町会（町内会）ごとには，住民自ら設置・運営した「町内公民館」が 488 館設けられている。地区公民館と町内公民館をあわせると 500 館を超える公民館が市内に配置されていることになり，身近な自治の拠点となっている。そのため，地域にかかわる活動や事業，学習，文化活動などあらゆる場面において公民館活動に参加する機会が多くあり，住民の生活のなかに溶け込んだものになっている。ひとくちに松本市といっても，かつて松本城の城下町として賑わった中心市街地から，そのまわりの農村地帯，そして飛騨山脈や筑摩山地に囲まれた中山間地など，地区ごとに異なる地域性・文化性を有することから，それぞれの地区らしさを活かしながら独自の地域づくりが公民館を核として多様な形で展開している。

　このような松本の公民館活動を支えてきたのは，住民主体の学習活動・地域づくり実践であった。戦後の松本では，「新しい生き方」を求めた地域の勤労青年らが開設し "日本一の学校" とも評された「深志学院」，住民に知識と教養を広めるために市内外に読書グループを組織した市立松本図書館長・小笠原忠統による「小笠原読書会」，住民の学習サークルが手をつなぎ，共同の学習運動として設立された「松本私の大学」等，はやくから住民たちによる自主的な学習活動が広がっていた。こうした住民の学習要求に応える形で，公民館は配置されたのである。そして町会福祉活動や平和を求める運動，外国籍住民の学習保障を求める運動，アルプスの眺望と景観を守る運動，合成洗剤やスパイ

クタイヤの追放運動などが公民館を拠点にして取り組まれた。つまりは，公民館は身近な生活圏域にあって，暮らしの課題を学びあい，自らの地域を自治的に創り上げていく拠点として位置づいてきたのである。

（2）社会教育・生涯学習を核とした地域づくりシステムの発展過程

　このような住民主体の地域活動や学習活動を支える仕組みは，いかに構築されてきたのであろうか。ここでは，社会教育・生涯学習を核とした地域づくりシステムの発展プロセスを3つの時期区分に沿って確認してみていくこととしよう。

① 「コミセン構想」から「公民館の地域配置の原則の確立」へ（1970年代）

　松本市の地域づくりにおいて「第一の転機」となったのは，1971年，「松本市第1次基本計画」においてである。この基本計画の中身は，公民館2～4箇所を統廃合し，市内8行政ブロックに広域化させたエリアに総合的なコミュニティ施設（出張所・コミュニティホール・集会場・公民館・グラウンド・図書館などの複合施設）を建設する「コミュニティセンター構想」（以下，「コミセン構想」）を掲げるものであった。この「コミセン構想」は「厳しい財政事情から各館配置は非効率である」という行財政改革を目的として計画されたものである。しかし，地域住民にとって生活・労働・文化・自治の圏域である地区を廃止し，公民館を統廃合することを意図した「コミセン構想」の計画に対しては，住民からの激しい反対運動が起こった。その運動に呼応した公民館職員たちは，1974年，住民の学習を保障する条件整備のあり方を検討することを目的として「公民館制度研究会」を立ち上げた。この研究会での議論を経て，「コミセン構想」への対案として打ち出したのが，「身近な地区公民館の整備充実」という方針であった。「コミセン構想」か「地区配置」か。数年にわたる激しい議論の結果，1981年，松本市当局も「松本市第3次基本計画」において「コミセン構想」を破棄し，新たに公民館を身近な地区に配置していく方針へと切り替えることとなった。このような身近な生活圏域である地区を重視した体制は「住民の主体的な自治活動を援助することこそが自らの（公民館の職員とし

ての）仕事である」と自覚した熱意ある職員たちと住民との協働によって勝ち取られてきたものなのである。

② 行政と住民の協働の進展と福祉ひろばの建設（1990年代）

　松本市の地区公民館では，住民参加のもと，①運営委員会，②館報編集委員会，③体育委員会，④図書・視聴覚委員会，⑤文化委員会という5つの委員会が運営されており，住民自身の主体的な参加が保障された場となっている。松本の公民館においては，「最初に住民の活動ありき」という言葉が語られ，「主役は住民であり，行政は住民の主体的な活動を支援すること」という原則にこだわり，住民と職員との協働による地域づくりが進められている。

　とくに，松本市の地域づくりにおける「第二の転機」となった行政と住民の協働による地域づくりが本格的に進められるようになったのは，1990年代に入って取り組まれた生涯学習基本構想づくり，そして「福祉ひろば」づくりを通してであった。1991年の「第31回社会教育研究全国集会松本大会」開催にあたって，他の地域とは異なる「松本らしさ」とは何かという議論が起こるなかで，「住民活動の中にこそ公民館で取り組むべき課題がある」との認識から，松本市内で展開する地域住民の地域づくり実践の掘り起こしが行われた。同年には147事例，930ページ，2分冊にわたる『松本の学び根っこワーキング』が発刊された。さらに1994年には，住民と行政の徹底的な討議内容の結果をベースとして『松本市生涯学習基本構想−学びの森づくりをめざして』『ずくだせZUKUDASU まつもとの学びの森づくり（資料編）』をまとめ，松本市の生涯学習の基本構想づくりに取り組んできたことが意味をもつことになった。

　さらには，少子高齢化社会の進展に伴い，高齢者問題に対する関心が高まるなかで，町会単位で取り組まれていた住民主体の地域福祉実践に導かれつつ，福祉のまちづくりを支える松本市独自のしくみとして「福祉ひろば」が設けられるようになった。「福祉ひろば」には，地区推薦のコーディネーターが配置されており，①地区住民同士の顔の見える関係づくり，②孤独や悩みに対する相談支援，③ふれあい健康教室などを通した健康増進活動，④共に支えあう地域社会づくりについて学びあう福祉づくり，⑤地域のボランティア活動の環境

づくり，⑥福祉のまちづくりのリーダー育成や福祉教育の推進などの事業が取り組まれている。地域の福祉拠点の開設にあたっては，1994 年，従来の行政の枠を超えた部局横断のチーム「29 地区福祉拠点事業推進研究会」が組織された。研究会には，社会教育や社会福祉の関係職員の有志が多く参加し，「福祉と生涯学習は身近な地区自治で！」をテーマとしつつ，3 つの分科会（①条件整備と連携のあり方，②相談と安心のネットワークづくり，③主要事業の展開）に分かれて計画が練り上げられた。1995 年から，松本市の本郷・里山辺・寿台地区を皮切りとし，松本市の各地区において「地区福祉ひろば」が設置された。さらには 1995 年から始まった「福祉のまちづくり講座」（信州大学医学部公開講座，松本市社会部・松本市教育委員会共催），市民と行政の協働によって構成された「松本市高齢者及び障害者に関する福祉ビジョン懇話会」を通した議論のなかで，改めて福祉は特別なものではなく，住民自身が身近な地区に「福祉文化」を創造していくことが重要であることが確認された。つまり，福祉ひろばの取り組みは，従来の「サービス提供型の福祉」のあり方を問い直すものであり，地域住民が主体となって運営する「自治的創造的な地域福祉」のあり方を具体化する拠点として生み出されたものであった。

③ 「地区自治」を基盤とした松本らしい地域づくり（2010 年代）

　松本市の地域づくりにおける「第 3 の転機」は，21 世紀に入り，松本らしい地域づくりを進める地区拠点が新設されたことにある。買い物弱者の問題，災害時の避難の問題，地域の子どもや高齢者の見守りなど，地域に多様な課題が現れるなかで，希薄化しがちなコミュニティにおける関係性を紡ぎ直していくことが求められた。そこで，公民館の学習を地域づくりの中心として位置づけ，「地域」「暮らし」を出発点とする政策形成に取り組む「松本らしい地域づくり」を具現化していくための検討がなされた。「松本市地域づくり推進懇話会」（後の松本市地域づくり推進市民会議）が立ち上がり（2006 年創設），将来を見据えた松本らしい地域づくりの推進のあり方が検討された。その結果，松本における「公民館」や「地区福祉ひろば」を，地区に根差して配置してきた蓄積を活かし，35 箇所の地区を基本単位としつつ，地区の状況に応じた地域シ

ステムを構築していくことが望ましいと結論づけた。2012年3月に「松本市地域づくり実行計画」を策定し，2014年からは，既存の支所・出張所・公民館・福祉ひろばと連携し，それらが一体となって地域づくりを支援するセンターとして「地域づくりセンター」が開設されることになった。

　松本市における地域づくりシステムをみると，住民が主体的に課題解決に取り組んでいく地域の仕組み（地域システム）と，住民の地域づくりを行政が応援していく行政の仕組み（行政システム），その両者のシステムをつなぎ合わせる地域づくり拠点としての「地域づくりセンター」が位置づけられている。このような地域づくりシステムにおいて「地域システム」の部分は，既存の自治の仕組みを活かしつつ，地域のなかの各種団体同士の連携の幅を広げ，地区の状況に応じた地域づくりを進めていくこととし，「行政システム」の部分では，地域づくり課が連絡調整役となって，部局を超えた課題解決チームを編成し，地域住民の地域づくり活動を支援していくことになっている。また新設された「地域づくりセンター」では，支所・出張所，公民館，福祉ひろばと連携し，住民主体の地域づくりを支援していくネットワーク組織を構築することとしている。

　このような地域づくりシステムのことを，長らく松本市で社会教育職員をされた手塚英男氏は「松本モデル」と呼ぶが，その特徴は，生活・労働・文化・自治の身近な生活基盤であった「地区」を基盤としつつ，住民と地区常駐職員とが熟議を重ねながら地域づくりをすすめる体制を構築してきたところにあったといえよう。

6-3 **地域調査・学習を通して，持続可能な地域を創る～望月町の場合～**

　続いて，長野県北佐久郡望月町（現在の佐久市望月）の事例をみてみたい。望月町は県東部（東信地域）にある蓼科山の裾野に位置する。町内には清流が流れ，緑にも恵まれた自然豊かな丘陵地帯が広がっている。歴史的には，かねてより中山道の宿場町（望月宿）としての往来があり，平安時代より朝廷に献上する馬の産地としても知られてきた。地域の主産業は農業であり，米作，野菜栽培，畜産などが町内で営まれている。2005年，望月町は，佐久市に合併

されることになったが，地域の歴史や文化を学びあい，持続可能な地域づくり
が豊かに展開してきた地域として知られている。社会教育実践との関連に着目
しながら，望月町における持続可能な地域づくりがすすめられてきた経緯につ
いてみてみることとしよう。

（1）外来型開発に抗する住民運動と学習の展開過程
①　社会教育主事招致運動と農村サークルの組織化

　戦後の信州における農村地域の多くは，1961年に制定された農業基本法を
機として，大きな変化を迎えていた。規模拡大・構造改善を柱とする農政が推
し進められ，農業経営が成り立たなくなった農家もまた多く生まれつつあった。
そのような状況にあって，農業経営や農政の在り方を問い直し，変革に向けて
行動を起こす農村青年たち（「農村実力派」）が，信州各地で生まれていた。そ
して，望月町も，例外ではなかった。望月町における青年団メンバーらは，農
業近代化協議会にかかわるとともに，信濃生産大学に参加していた。そして青
年たちは「産業振興にはまず人づくりが必要」との認識に至り，望月町に対し
て社会教育主事招致運動を起こした。その招致運動が実を結び，新たに町役場
に採用されたのが，当時，東京大学宮原研究室の研究生であった吉川徹氏で
あった。吉川は青年らに寄り添いながら，サークル活動や学習会の組織化に積
極的に取り組んでいった。その結果，吉川の着任以降，町内には「どんぐり合
唱団」をはじめとする20余りの青年サークルや学習会が発足していった。そ
の当時を吉川は次のように振り返る。「外の大人から『傷の舐めあいか』と揶
揄もされたが……一人ひとりが抱えている悩みや悲しみや怒り，それがここへ
来れば癒され，また生きようという力が得られる『甘えられるどんぐり』でい
いのではないか。」（吉川徹「私の半生と反省」『平和と手仕事26号』多津衛民芸館，
2021年，71頁）このようにしてサークル活動を通して培われた友情が，その後
の地域づくり実践の基盤として成長していくのである。

②　社会教育主事の不当配転と「社会教育を守るたたかい」

　望月町では，青年たちの手によって社会教育主事の招致を実現し，住民によ

るサークル活動が活発に行われることになったが，望月の社会教育が大きく揺らがされる出来事が起こる。それは 1970 年 3 月，連合婦人会による婦人問題研究集会をきっかけとしての出来事であった。この研究集会では「減反問題」がテーマとして取り上げられた。望月町の主産業は農業である故，農政の在り方は，町民の暮らしにも直結する課題である。しかし，当時の町議会議員からは，「望月町として推進している政策に異議を唱えるような学習会に現職の社会教育主事が関わっているのはいかがなものか」という批判がなされた。この指摘を受けて，望月町当局は吉川主事に対して教育委員会から商工観光課への異動を命じる辞令を出したのである。

　吉川に対する異動辞令に対しては，望月町の青年団・婦人会メンバーをはじめとして，強い反発が巻き起こることになる。つまりは，この異動辞令は，「主事個人に対する攻撃のみならず，婦人団や青年団の学習に対する攻撃である」とし，これらのメンバーを中心に「望月町社会教育を守る会」が発足し，社会教育を守るたたかいをはじめたのである。この運動はすぐに望月町中に広がり，1 週間余りで有権者の過半数以上（4,601 名）の異動撤回を求める署名が集まり，教育委員会に提出されることとなった。

　その結果，望月町は「吉川主事の原職復帰」「新たな主事 1 名の増員」を認める形で決着をみることになったが，この運動にかかわった住民らは「私たち一人一人が社会教育主事になろう」（文集『いろり』）と決意をしあったという。こうした吉川の不当配転に端を発する「望月町の社会教育を守るたたかい」は，たんに学習を享受する客体としてとどまるだけでなく，地域住民一人ひとりが地域のなかで学びをつくる主体となっていくことをめざしていく契機となったといえるだろう。

③　外来型開発への抵抗と新たな地域の創造

　1970 年代以降，信州の各地は，「地域開発ブーム」にさらされることになる。内発的発展論を提唱する宮本憲一は「外来の資本（国の補助金をふくむ），技術や理論に依存して開発する方法」のことを「外来型開発」（exogeneous development）と定義づけている（宮本憲一『環境経済学』岩波書店，1989 年，285 頁）

が，まさにこの外来型開発による地域開発が，望月町でも進められていたのである。地域の農林業の担い手が減少していく状況のなかで収益を見込んでいくためには，所有していた土地を地域外の開発業者に売却ないし借地にしてしまおうとする動きが地域内でも加速していた。1973 年当時の望月町の労働組合における地方自治研究活動（自治研活動）および青年団の学習資料をみると，「町内の総面積約 9,000ha のうち，ゴルフ場や別荘地などの地域開発により 1,400ha が着手または計画中であった」（『平和と手仕事 26 号』多津衛民芸館，2021 年，81-82 頁）とある。こうした外来型開発は，地域のありようを外部に委ねることとなり，住民の主体性や地域固有の文化や環境を損ねてしまうことになりかねないという危機感をもち，住民運動に取り組み始めたのが，これまでサークルや学習活動に取り組んできた方たちであった。

　望月町では，外来型の開発主義に抗する住民運動の経験を通して，"「地域をどうしていきたいのか」を多様な住民とともに考えていくことなしに，地域の自然や文化を守っていくことはできない"と認識するようになった。つまりは，外来型開発に「抵抗」する視点にたちつつ，どのように持続的に暮らすことができる展望をもてるのかという「新たな地域像」を具体的に創造していくことが求められた。このような視点について，吉川らは「抵抗の中の創造」という言葉で表現するが，これは「外来型の地域開発によって生じる課題とは何か」を学習課題化し，代替となる地域像を創造していく段階へと踏み出していくことが実践的に求められたことを現わすものであったといえよう。

④　新たな地域像を見出す学習と実践，そして「住民白書」づくりへ

　どのように新たな地域像を見出していくのか。望月町における新たな学習と実践を支える力となったのは，宮本憲一氏との交流であった。とくに住民の自主学習サークル「もちづき宮本塾」（現在は「信州宮本塾」に名称変更。以下，宮本塾）が発足したことは，インパクトを与えるものとなった。宮本塾では地域づくり思想に関わる古典を読みあうとともに，参加者同士が生活課題をもち寄りあう学習活動が行われてきた。これらの学習成果として，おおよそ 10 年に 1 度のペースで『農村発・住民白書』も刊行され，現在までに第 3 集まで出版

されている。この「住民白書」の特徴は，学習会に参加する望月在住の住民が数多く執筆をしており，発刊された時代ごとの地域課題を住民の視点でとらえ，地域づくりの方向性に影響を与える力となるものとなっていった。

　さらには，このような望月での交流が発展し，具体的な地域づくり実践も生み出されてきた。農家，養蜂家，和菓子職人など，異業種同士が交流しあうネットワーク組織である「かたりべの会」の活動が特筆すべきものであろう。この「かたりべの会」の活動は，疎植一本植による有機低農薬の米作りの報告を受け，「このお米で酒造りをしたい」と申し出た地元酒造会社（大澤酒造）によって，新しい日本酒（「信濃のかたりべ」）が誕生したところにはじまる。地域内の異業種が緩やかにつながりあうことで，地域資源を活かしあう高品質・少量生産のものづくりを実践するネットワークが広がることとなった。

⑤　吉川町政の誕生

　住民による学習と実践の積み重ねのなかで，望月町の地方行政を民主化し，住民主体の町政への転換をめざす動きも起こりはじめる。このことは1992年，高崎競馬の場外馬券売り場の建設計画が持ち上がったことにはじまる。望月町の住民による反対運動が起こり，その結果，場外馬券売り場の建設は取りやめとなったものの，住民への合意なくギャンブル性の高い施設の建設計画をすすめようとした行政の在り方を問題視し，「現職の町長を変えるべきなのではないか」との声が高まりをみせ，現町長に代わる町長候補者として吉川が推されることになった。1995年の町長選では現職に惜敗するも，1999年の町長選挙にて，吉川は望月町長として当選するに至った。こうして新たに立ち上がった吉川町政（在任期間：1999〜2003年，1期）では，暮らしに密着した要望の実現に取り組み，町民が主人公となった民主的な町政運営が試みられることになる。

　ひとつには，「子育てや介護に安心のまちづくり」を掲げ，高齢者や子どもたちに「やさしい」まちづくりが進められた。たとえば，望月町の中心地に複合施設「結いの家」を建設し，これまでの住み慣れた地域における人間関係を崩さない高齢者施設づくりに取り組んでいる。子どもたちの育つ環境づくりにおいても，当時，「困難校」化していた望月高校の再生に向けた取り組みに力

を入れている。望月町では「地域高校研究委員会」を設置し，委員会による「今後の望月高校の在り方」に関する提言（2003年）を受けて，望月高校を住民の力で盛り立て，中学生から入学してみたいと思ってもらえるような魅力ある高校をめざしていくためにも「地域と高校との新たな関係づくり」を柱とした学校再生に取り組んだ。

　さらには，「自然や文化を活かした地域づくり」も進められた。吉川町政では，望月町の標語として「癒しの森　清流の里　もちづき」が掲げられたが，望月における豊かな自然によって育まれてきた水や緑といった資源に着目し，その価値を活かして生業を営んでいる人たちのしごとを支えようとする発想に立って地域づくりを進めようとする視点を現わすものとなったのである。

（2）持続可能な地域を創造する学習と実践

　こうした吉川町政は町民からの支持を集めたものの，合併問題が焦点となった2003年の町長選挙において惜敗し，吉川町政は幕を閉じることとなった。しかし吉川が町長を退任し，望月町が佐久市に合併されて以降においても，これまで望月の住民たちが創り出してきた持続可能な地域づくりの視点は，住民たちの間で息づき，引き継がれていくことになる。

　そのような地域づくりの拠点となっているのが，現在，吉川が館長を担っている「平和と手仕事　多津衛民芸館」である。この多津衛民芸館は，大正デモクラシーの影響を受けた望月出身の白樺派教師・小林多津衛によって蒐集された民芸品・書籍などの展示を行っている施設であるが，それと同時に，「内発的発展の地域づくり」に取り組む住民の地域的拠点となっている。小林多津衛は，白樺教育の理念を実践し，自己を生かす教育，手仕事の大切さ，平和への願いなどを一貫して説き続けた教育者として知られるが，これらの小林多津衛の思想が，望月住民の持続可能な地域をつくる学習と実践とも共鳴し合い，地域創造の拠点として位置づくようになった。この点に関わって，細山俊男は，多津衛民芸館のことを「政治と教育と産業とを統合しつつ，人間発達の地域づくりをすすめるセンター」であり，「新たな公民館のモデル」（『現代生涯学習セ

ミナー特別企画記録集』現代生涯学習セミナー特別企画運営委員会，2022年）と評している。確かに，多津衛民芸館は，地域の団体機関と連携・協働しつつ，民主的な地域創造の地域的拠点であり，このような拠点は，まさに初期公民館構想（寺中構想）で描かれた公民館像とも重なるものといえよう。

この多津衛民芸館を拠点としつつ，望月では，世代を超えた連帯と地域創造の取り組みが拡がりつつある。多津衛民芸館が毎年発刊している『平和と手仕事』では，「過疎地に生きる若い世代」に対するインタビュー特集が組まれており，望月で生業を営む若者の暮らしぶりが紹介されている。また望月における保育園の統廃合問題を契機とし，保育園に子どもを通わせる父母らが中心となって創設した「ツキヒト満ちるプロジェクト」や「望月アレコレ大学」（略称モアカ）も望月ならではの取り組みである。望月の地域文化の価値を若者視点で掘り起こし，ユニークな実践に数多く取り組んでいる。この企画の中心を担う若者世代が，持続可能な地域づくりを探求してきた「（吉川をはじめとする）シニア世代に学ぶ」ことに取り組んでいる。シニア世代と若者世代とをつないでいる関心事は，気候変動危機である。経済効率を優先させた地域開発と環境破壊は，私たちの暮らしのリスクを高めることにつながり，子どもたちの世代に計り知れない悪影響を与える。このような問題意識を介して生み出された多世代の学びあいが望月の地で豊かに取り組まれている。

このように望月の地域づくりの展開を整理してみてみると，地域の中に存在する対立を超えていくために，地域での学習や交流を大事にしながら，持続可能な地域像を具体的に創造してきたところに特徴があるといえるだろう。

6-4　住民主体の地域づくりを支える社会教育・生涯学習に向けて

本章では，これからの地域づくりを育むためには，「地域の潜在的な自治力」を高めることが重要であり，社会教育・生涯学習の果たすべき役割とは何かを明らかにしてきた。そして地域の生活課題に即した住民の学習を支えることで，多様な住民の声を反映した地域づくりを支えていくことが可能となることを，長野県の2つの自治体（松本市と望月町）の事例を通して確認することができた。

松本市の場合は，住民の自治の拠点であった「地区」と呼ばれる日常生活圏域を重視し，そこでの公民館活動の蓄積をもとに小地域での体制を充実させていくことで，職員と住民とが協働しあう地域づくり体制を構築していた。一方で，望月町の場合は，外来型地域開発による地域の生活・文化の破壊の危機に立ち向かう住民運動を通して，地域における生活課題を学習課題化し，調査・学習が行われていた。具体的な事実をつかむことで，対立を超えて討議しあうことが可能となり，そのような基盤をもとに「新たな地域像」を見出してきた点が特徴的であった。

　現在の地域づくりにて問われていることは，課題解決のための青写真を外部へとゆだねてしまうことではなく，地域で暮らす住民一人ひとりが主体となって，これからの地域がどうあるべきかを考えあうなかで「地域の潜在的な自治力」を高めることが重要である。そのためにも身近な暮らしの課題を共有しあって「なぜ，そのような状況になっているのか」を学びあう環境を創り出してきた社会教育・生涯学習の果たすべき役割は大きい。

　近年，全国の他の市町村をみると，「地域づくりの推進」という名のもと，住民の主体的な学習活動を支えてきた社会教育の縮小・撤廃が進められる本末転倒した事案が相次いで起こっているが，あらためて住民主体の地域づくりを育んできた社会教育・生涯学習の役割というものを再認識することが求められるだろう。

【読者のための参考文献】
・手塚英男『学習・文化・ボランティアのまちづくり』自治体研究センター，1986 年
・矢久保学・永田幸彦「松本市の公民館と地域づくりの取り組みを支える人材の育成」日本社会教育学会編『地域を支える人々の学習支援』東洋館出版，2015 年，35-51 頁
・宮本憲一『環境経済学』岩波書店，1989 年
・吉川徹「私の半生と反省」『平和と手仕事　26 号』多津衛民芸館，2021 年
・吉川徹・向井健・細山俊男「吉川徹さんの社会教育と地域づくり実践から何を受け継ぐか」『現代生涯学習セミナー特別企画記録集』現代生涯学習セミナー特別企画運営委員会，2022 年

第7章
リスク社会におけるレジリエンスを高める学び

　災害復興におけるソーシャル・キャピタル（社会関係資本）の役割に注目した D. アルドリッチによれば，レジリエンスとは，連携した働きかけと協力し合って行う活動を通じて，災害などの危機を切り抜け，効果的な復興に取り組むための地域がもつ潜在能力である（Aldrich, D. P., 2012, *Building Resilience: Social Capital in Post-Disaster Recovery.*）。自然災害や感染症のパンデミック（世界的大流行）によって避難生活や自粛生活が強いられ，社会参加は一時的に縮小されるのに対し，緊急期を過ぎた段階ではリスクの変化に対して防御する能力を備え，地域や組織に連帯感が生まれている。

　本章ではリスク社会におけるレジリエンスを高める学びに注目し，第1節では津波被災地における地域コミュニティの学びと実践，第2節では水害被災地の住民自治組織における学びと実践，第3節では社会教育施設における新型コロナウイルス感染症への対応を取り上げる。

7-1　津波被災地の地域コミュニティの学びと実践

　2011年3月11日14時46分に東日本で発生した東北地方太平洋沖地震は，宮城県牡鹿半島東南東沖130km付近を震源とするマグニチュード9.0の国内観測史上最大規模の地震であった。この地震と津波による人的被害は2022年3月現在，死者15,900人（災害関連死を除く），行方不明者2,523人，住家の被害は全壊122,006棟，半壊283,160棟，一部損壊749,934棟に及び，未曽有の広域災害となった。

　東日本大震災の津波被災地には，平成の大合併で統合された市町村周辺部で震災後人口が急減し，地域コミュニティが崩壊の危機に陥っている集落も少なくない。こうした状況が見られる沿岸部で宮城県気仙沼市本吉町前浜地区の地

域再生に向けた住民の学びと実践は注目に値する。震災後から半年を待たずにコミュニティセンターの再建を住民側から要望し、外部の支援と住民参加で再建した。再び地域の拠点となったコミュニティセンターを活用した地域間交流を通じて地域コミュニティが外に向かい、異質な集団同士の相互交流によってコミュニティ・エンパワーメントを実現している。

　本吉地域（旧本吉町）は宮城県気仙沼市の南部に位置し、東は太平洋に面し、南は南三陸町、西は岩手県一関市および登米市に接している。1955年3月に津谷町、大谷村、小泉村が合併して旧本吉町が誕生した。当該地域には地域振興会と呼ばれる住民自治組織が市から管理運営を委託されている自治公民館が存在する。前浜地区の「前浜マリンセンター」（以下、マリンセンター）と呼ばれるコミュニティセンターもその一つだが、津波で流失し全壊した。前浜地区の人的被害は死者4人、行方不明者5人、被災住戸は39棟である。

　震災直後清涼院（曹洞宗寺院）の駐車場の一角に置かれた地区対策本部の朝夕のミーティングでマリンセンターの再建について話し合われた。前浜地域振興会は2011年7月に全戸にアンケートを配布し、再建について意向を確認したところ、被災者がまだ避難所で生活している段階で早過ぎるのではないかという意見も聴かれたという。そこで、仮設住宅が完成し、避難所が閉鎖されるのを待って再度アンケートを実施し、96％の世帯から再建に賛成の回答を得た。この結果を受けて20代から70代の男女19名の住民で構成する「コミュニティセンター建設委員会」を発足し、気仙沼市をはじめ、関係する行政機関と協議に当たり、高台への移転が決まった。総額7,900万円の建設費用は、外部の支援団体の寄付金で賄われた。外部の支援団体が前浜地区に資金協力を行った背景には地域の結束力が評価されたことがあると考えられる。

　2011年10月1日に始まった建設委員会の会合は延べ30回以上を超え、建物の設計段階では住民の意見を反映させるためワークショップが行われた。その間設計案には何度も修正が加えられた。2012年12月に工事が着工し、樹木の伐採、木材の乾燥、製材、組み立てをはじめ、多くの作業工程に住民がかかわった。2013年9月に完成した木造平屋建ての建物（床面積251.13平米）は、

市に寄贈する形で前浜地域振興会がマリンセンターの指定管理者となった。震災前と同様，地区文化祭や勉強会の開催，次に紹介する「前浜椿の森プロジェクト」を支援する各団体との交流拠点として利用されている。

　前浜椿の森プロジェクトは，「生態系を活用した防災・減災」を見据え，地域に自生していたヤブツバキ，タブノキ，シロダモなどの照葉樹林を再生し，防潮林として活用することを目的とした取り組みである。ヤブツバキの種を搾って作る椿油は昔から鬢付け，刃物の錆止め，儀礼食等に使われ，地区文化祭では昔ながらのキリンという道具を使い，椿油搾りを伝えていた。「ツバキは人々にとって大切な恵みであり，その紐帯の輪を結ぶ重要な植物」であったとされる（千葉一「前浜『椿の森』プロジェクト：エコロジカルな伝承の未来のために」『BIOCITY』第61号，2015年）。

　震災直後の地区対策本部で聴かれた「津波が来た場所に椿ば植えで，まだみんなして椿油絞りばやっぺ！」という言葉を受け，本吉地域出身で震災復興市民委員会（以下，市民委員会）の委員だった千葉一さん（石巻専修大学）が市民委員会定例会議（2011年9月10日開催）の席で「防災自然公園『海の照葉樹林ベルト』プロジェクト」を提案した。当時，気仙沼市では復興計画に市民の意見を反映するために市民委員会を設置し，市民委員11名（気仙沼市在住および出身者）が「気仙沼市の震災復旧・復興に向けた提言」づくりを進めていた。

　折りしも気仙沼市を訪れていた早稲田大学平山郁夫記念ボランティアセンター（WAVOC）のスタッフが同プロジェクトを知り，千葉一さんらの要請を受けて「海の照葉樹林プロジェクト」の支援活動が始まった。「海の照葉樹林プロジェクト」はのちにWAVOC東日本大震災復興支援プロジェクト「海の照葉樹林とコミュニティづくり支援プログラム」，2016年度からはWAVOC特別プロジェクト「三陸つばき」に名称を変更した（廣重剛史『意味としての自然：防潮林づくりから考える社会哲学』晃洋書房，2018年）。千葉一さんやWAVOCの廣重剛史さん（目白大学）らがコーディネートし，早稲田大学の学生を中心に気仙沼市内で採取したヤブツバキなどの種を持ち帰り，2012年7月から早稲田大学早稲田キャンパス，2013年6月には同大学附属本庄高等学院で

の育苗活動に加え，2014 年 10 月には新宿区立戸山シニア活動館利用者による育苗活動が行われるようになった。

　震災直後，前浜地区の被災者は山形県最上町の被災者支援プログラムを通じて最上町の温泉に招待された。マリンセンター再建の際には樹齢 100 年を超えるコブシやスギの材木が最上町黒沢地区から寄贈され，大黒柱などに使われた。そして，2014 年 11 月には黒沢地区との友好交流協定が結ばれ，前浜地区と黒沢地区の交流事業がスタートした。2015 年 12 月には一般社団法人前浜おらほのとっておきが設立され，マリンセンターの近くに育苗用のビニールハウスをつくり，前浜地区でも育苗活動が始まった。同年には目白大学の学生有志，2016 年の秋から埼玉県立川越総合高校の生徒有志が加わり，徐々に支援団体の輪が広がりつつある。

　2016 年 3 月には「椿の学びづくり推進協議会」が発足し，事務局が前浜地区や団体との連絡調整をはじめ，コーディネートを行っている。同年 8 月に開催された植樹祭には各団体から総勢約 100 人が参加した。最終日に行われた音楽祭に首都圏の学生を中心に音楽活動を行うオーケストラ音楽団体 Mother Earth Project が参加し，子どものための楽器体験や演奏等の音楽交流を行っている。これらの支援団体は前浜地区や黒沢地区で開催される植樹祭，戸山シニア活動館で開催されるイベント時の「三陸つばき」の活動報告や専門家による地域防災を考える勉強会に参加し，相互交流を行っている。

　戦後アメリカ社会における市民の社会参加の縮小傾向とその原因を考察した R. D. パットナムは，このような社会変化を説明する鍵概念としてのソーシャル・キャピタルを「社会的ネットワーク，およびそこから生じる互酬性と信頼性の規範」と定義した。そのうえで，ソーシャル・キャピタルの形態を「橋渡し型」と「結束型」に区別し，結束型のネットワークが「内向きの指向を持ち，排他的なアイデンティティと等質な集団を強化する」のに対して，橋渡し型ネットワークは「より広いアイデンティティや，互酬性を生み出す」としている。

　前浜地区の地域コミュニティは，結束型ネットワーク（内向きで等質な集団）を残しつつも外部と連携することで橋渡し型ネットワーク（外向的で異質な集

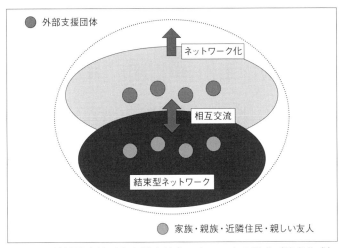

図7.1　地域間交流が生む社会的ネットワークの形成（筆者作成）

団）が拡大し，ネットワーク化が進んでいると考えられる（図7.1）。

　本節では豪雨災害の経験からの学びを契機にいち早く自主防災組織を立ち上げた住民自治組織の事例を紹介する（秦範子「実践　レジリエンスを高める防災学習と地域防災活動」『知る・わかる・伝える SDGs Ⅲ』学文社，2022年，60-65頁）。

　2015年9月9日10時頃，愛知県知多半島に上陸した台風18号と前線の影響で，西日本から北日本にかけて広い範囲で大雨となった。同日21時頃には台風18号は日本海の海上で温帯低気圧に変わったが，関東地方に接近した台風17号の影響を受けて東日本では線状降水帯が発生した。9日から10日にかけての24時間降水量は栃木県日光市五十里（いかり）で551ミリが観測され，関東地方および東北地方で記録的豪雨となった。気象庁は9月10日7時45分に茨城県に大雨特別警報を発表したが，常総市では6時頃には鬼怒川左岸若宮戸地先で溢水し，同日12時50分には鬼怒川左岸三坂町地先で約200メートルにわたって河川堤防が決壊した。さらに，鬼怒川に合流する八間堀（はちけん

ぼり）川の堤防が大生（おおの）地区で決壊するなど，市域の約3分の1に当たる40平方キロメートルが浸水した。市内の被害状況は人的被害が死者2名，重軽傷者44名，住宅・事業所などの物的被害が全壊53棟，大規模半壊1,581棟，半壊3,491棟と5,000棟を超え，浸水家屋は床上浸水150棟，床下浸水3,066棟，ヘリコプターで救助された人は1,339人にものぼった。

　常総市中妻町にある根新田地区は，鬼怒川左岸に広がる低平地で地区の大半の住宅が床上浸水した。同地区は2008年の「安全・安心のまちづくり宣言」を起点に町内会の地域コミュニティ活動が本格化した。さまざまな活動を発信する地域コミュニティサイト「わがまちねしんでん」には「根新田町内会では，かねてより地域住民の助け合い，近所付き合いの大切さを最大のテーマとして，町内会を母体とした子供会，婦人会，根新田親睦会，シルバークラブ等のサークルを結成し，幅広い地域コミュニティ活動を実施しています」とある。2022年12月現在の町内会加入は97世帯，住民の9割は地区外からの移住者である。

　町内会の運営はほかに類を見ない特徴がある。2014年8月に地域コミュニティのウェブサイトを開設し，地区イベントや防災活動の情報を随時発信している。同年10月には携帯電話のショートメッセージサービス（SMS）を使った一斉送信サービスを導入し，天候による中止など地区イベントの緊急連絡用に運用していた。鬼怒川水害時にはSMSを使って50通以上の情報を送信し，避難所や親類宅に避難した町民や自力での避難が困難でやむなく自宅に留まった高齢者らを励ました。

　根新田町内会は2018年4月には「自主防災基本計画」を作成し，自主防災組織を結成した。次世代の防災リーダーの育成にも力を入れ，現在は20代から40代を中心に7人の防災士が誕生している。茨城県では今も東日本大震災の余震が続いている。同町内会は市が実施する一斉防災訓練とは別に独自の防災訓練を定期的に行っている。地震を想定した訓練では参加する世帯が「無事です」と書かれた黄色いタオルを玄関先に掲示し家族の無事を知らせることにしている。2019年11月10日に行われた防災訓練に参加した世帯は地区全体

の95％に達し，参加した全世帯で黄色いタオルが掲示された。

　国土交通省関東地方整備局下館河川事務所は「マイ・タイムラインプロジェクト」を企画し，鬼怒川流域の若宮戸地区と根新田地区の2地区がモデル地区として選ばれた。全国に先駆けてスタートしたマイ・タイムラインは，3日前からの避難計画をワークシートに時系列に記入する事前防災のプログラムである。根新田地区における勉強会は2016年11月から2017年2月まで3回行われ，同地区からは約7割の世帯（延べ205人）が参加した。その後もマイ・タイムラインを定期的に見直しており，町内に住む障がい者や高齢者世帯を把握し，近隣同士声がけができるようきめ細かな対策を講じている。

7-3　社会教育施設における新型コロナウイルス感染症への対応

　新型コロナウイルスの感染拡大は，社会教育施設にも多大な影響を及ぼした。本節では社会教育施設への影響と対応をふりかえり，感染症に向き合う現場の職員がどのように危機を乗り越えたのか紹介する。

　2020年2月24日に開かれた新型コロナウイルス感染症対策専門家会議では「これから1，2週間が急速な拡大に進むか，収束できるかの瀬戸際」という判断を下していた。これを受け，政府新型コロナウイルス感染症対策本部（以下，政府対策本部）は2月25日に「新型コロナウイルス感染症対策の基本方針」を決定した。

　2月27日夕刻に開かれた政府対策本部において首相が「全国すべての小学校，中学校，高等学校，特別支援学校について，来週3月2日から春休みまで，臨時休業を行うよう」要請したため，翌28日文部科学省は事務次官名で「新型コロナウイルス感染症対策のための小学校，中学校，高等学校及び特別支援学校等における一斉臨時休業について（通知）」を発出した。これにより3月2日から一部の地域や学校を除き，全国の学校が一斉に臨時休業に入った。3月13日には「新型インフルエンザ等対策特別措置法」の一部が改正され，4月7日に東京，神奈川，埼玉，千葉，大阪，兵庫，福岡の7都府県を対象に，4月16日には対象を全国に拡大して第1次緊急事態宣言が出された。

社会教育施設については 2 月 26 日に文部科学省総合教育政策局地域学習推進課から「社会教育施設において行われるイベント・講座等の開催に関する考え方について（令和 2 年 2 月 26 日時点）」が発出され，「今後 2 週間に予定されている」多数の人が集まるイベント・講座などは「中止，延期又は規模縮小等の対応」を要請した。

　3 月 28 日に政府対策本部が示した「新型コロナウイルス感染症対策の基本方針」（5 月 4 日変更）では，事業者および関係団体は業種や施設の種別ごとにガイドラインを作成するなど自主的な感染防止のための取り組みを進めるという方針を出している。さらに，5 月 4 日に新型コロナウイルス感染症対策専門家会議が示した「新型コロナウイルス感染症対策の状況分析・提言」においても業種ごとに感染拡大を予防するガイドラインの作成が求められた。これらを踏まえてただちに公民館・図書館・博物館・動物園・水族館などがガイドラインを作成した。5 月 6 日に「動物園・水族館における新型コロナウイルス感染対策ガイドライン」（公益社団法人日本動物園水族館協会），5 月 14 日には「公民館における新型コロナウイルス感染症防止ガイドライン」（公益社団法人全国公民館連合会），「図書館における新型コロナウイルス感染拡大予防ガイドライン」（公益社団法人日本図書館協会），「博物館における新型コロナウイルス感染拡大予防ガイドライン」（公益財団法人日本博物館協会）が公表された。これら社会教育施設のガイドラインは新型コロナウイルス感染拡大予防対策として実施すべき基本的事項を整理したものであった。

　学術団体では日本環境教育学会「新型コロナウイルス感染症（COVID-19）緊急研究プロジェクト」（代表：阿部治 立教大学名誉教授）が「新型コロナウイルス感染症（COVID-19）に対応した環境教育活動に関するガイドライン」を 6 月 26 日に公表した。これは，環境教育活動が再開されようとしているなかで学会として活動の指針を提案するもので，同時に学会員や社会に対して意見や提案を求めた。さらに，7 月後半以降に始まった感染拡大の第 2 波を受けて，野外の自然体験活動や社会教育施設での環境教育活動に対応するより細かな活動指針が必要と判断し，国内外で公表されている環境教育に関連するガイドラ

インを参考に改定版（バージョン 2）を公表した。

　学校の全国一斉臨時休業とほぼ同時に，博物館，図書館，動物園・水族館，文化・スポーツ施設も相次ぎ臨時休業に入り，環境教育の現場においても屋外にて自然体験活動を行う自然学校でさえ休業せざるをえなかった。公益社団法人日本環境教育フォーラムは NPO 法人自然体験活動推進協議会，一般社団法人日本アウトドアネットワークとともに「自然体験活動・自然教育・野外教育・環境教育を実施している事業体における新型コロナウイルス対応ガイドライン」を 5 月 27 日に公表した。上記の 3 団体が連携して行ったオンライン・サーベイ（2020 年 9 月実施）によると，多くの自然学校においてプログラムが中止および延期となり，9 割弱の団体が昨年の同時期より売上が減少し，売上が半減以上した団体は 7 割弱という結果となり，自然学校等の経営危機が深刻化していることがわかった（公益社団法人日本環境教育フォーラム「新型コロナウイルス感染拡大に関する自然学校等への影響調査―2020 年 9 月版（第 2 弾）―」https://www.jeef.or.jp/wp-content/uploads/2020/09/nature_school_survey2.pdf）。

　11 月中旬以降に始まった感染拡大第 3 波のピークになった 2021 年 1 月 7 日に東京，神奈川，埼玉，千葉に第 2 次緊急事態宣言が発出され，その後 1 月 13 日には先の 1 都 3 県に加え，栃木，岐阜，愛知，京都，大阪，兵庫，福岡の 11 都府県に拡大した。同プロジェクトは，3 月 21 日の 1 都 3 県を対象とする緊急事態宣言解除を待って環境教育関連施設への影響と対応に関するオンライン・サーベイを行った。調査結果については学会ウェブサイトで公表しているのでここでは省略する（一般社団法人日本環境教育学会「新型コロナウイルス感染症による環境教育関連施設への影響と対応に関する調査集計結果」https://www.jsfee.jp/images/general/covid19Research2.pdf）。

　2021 年 9 月 2 日には上記の調査に協力してもらった環境教育関連施設から抽出し，「新型コロナウイルス感染症による環境教育施設への影響と対応」というテーマでオンライン座談会を開催した。参加した 6 名に感染症拡大の局面での各施設の状況，工夫した点，新たな試みについて尋ねたところ，以下のような回答が得られた。

【各施設の状況】
- 触れる展示，触って何かを確かめてという展示は全て撤去（環境学習施設，神奈川県）
- 数十人を一度に集めて対面で行っていくような自然解説プログラムはできなくなった（同）
- 千人規模のイベントは中止（環境学習施設，東京都）
- 大人向けの飼育体験や飼育係と動物の命の大切さを学ぶプログラムは中止（動物園，千葉県）
- 幼保小学校向けの小動物とのふれあい活動や中高校生の職場体験，大学生の飼育実習，博物館実習は飼育係と接するため中止（同）
- 学校の出前授業は前年度に比べ激減（自然系博物館，千葉県）
- 学校団体利用はほとんどなくなった一方で，土日の家族連れの利用が増えたために有料入館率はむしろ増加（同）
- 高校・大学のインターンシップはすべて中止（同）
- 博物館実習は人数を絞って実施（2021 年度）（同）
- 宿泊型のプログラムは全面中止にしたので大幅に収入を減らした（自然学校，長野県）
- 都市部から中山間地に千人以上の子どもと若者，ボランティアが来るので，地元住民の理解を得ることがほぼ不可能（同）

【工夫した点・新たな試み】
- 身近な場所で自然観察ができるようにワークシートを作成してウェブサイトにアップ（環境学習施設，神奈川県）
- 大規模なイベントの代替措置としてオンライン上で「環境見本市」を開催（環境学習施設，東京都）
- 学校の出前授業は 30 人向けのプログラムを 10 人ずつ 3 回実施した（同）
- オンライン講演会や環境学習指導者養成講座をオンラインを併用して行っている（同）
- 教員向けの研修は定員を減らして実施している（同）
- 飼育係の出前授業では Microsoft Teams を使ったアウトリーチプログラムを行っている（動物園，千葉県）
- 飼育係と協同して動画コンテンツを作成（同）
- 全国の博物館が登録するポータルサイト「おうちミュージアム」にコンテンツを提供している（自然系博物館，千葉県）
- 市の環境学習センターとの連携で県内の高校生を対象に学習プログラムを提供することができた（公害資料館，岡山県）
- 県内の学校の自然体験活動を支援した（自然学校，長野県）

・大学からオンラインでの講義依頼が飛躍的に増えた（同）

（秦範子「『新型コロナウイルス感染症（COVID-19）緊急研究プロジェクト』報告」『知る・わかる・伝える SDGs IV』学文社，2022 年，78-88 頁）

7-4　レジリエンスを高める学び

　本章ではリスク社会におけるレジリエントな学びに注目し，自然災害（地震・津波・水害）の被災地における地域コミュニティや住民自治組織における学びと実践，新型コロナウイルス感染症の影響下にある社会教育施設の対応を取り上げた。

　前浜地区では椿の森プロジェクトに参加する住民と支援者による共同学習が行われ，被災地の住民のみならず支援する側も復興の現場で学んでいる。こうした地域間交流によって地域コミュニティは結束型ネットワークから橋渡し型ネットワークに拡大し，新たな社会的ネットワークを形成する。その結果としてコミュニティ・エンパワーメントを実現している。

　根神田地区は町内会の地域コミュニティサイト「わがまちねしんでん」を開設し，広報活動にも力を入れている。ショートメッセージサービスを使った情報発信やマイ・タイムライン，自主防災組織の防災活動に注目が集まり，全国から講演会の講師や出前講座の依頼があるという。新住民が多い地区の住民自治組織であるが，町内会主催の防災訓練やマイ・タイムラインの勉強会に参加することで住民同士の連帯感が生まれている。

　新型コロナウイルス感染症の感染拡大によって緊急事態宣言が発出される度に社会教育施設は休業に追い込まれた。再開後はそれぞれのガイドラインを参考に施設の状況に合わせた工夫を凝らしながら新たな試みを行っている。オンライン座談会に参加した自然学校の代表は次のように語った。

　　ターニングポイントを迎えている。野外活動とは対極にあるオンラインも当初は拒絶してたのに，キャンプの事前説明会に活用するなど可能性を見つけることができた。これまでやりたくてもやれなかった障がい者や貧困層，

外国籍の人にもアプローチしなければならないという意識ももつことができた。今後どう行動するのかが試されている（筆者要約）。

　レジリエンスを高める学びとは，危機的状況を「跳ね返す」ための地域や組織がもつ潜在的な能力を引き出し，将来のリスクに備えるための新たな知の創造である。

　自然災害やパンデミックといったリスクの増大によって社会経済的に脆弱な人々やマイノリティの不平等や格差が拡大することは言うまでもない。社会教育・生涯学習にはリスク社会におけるレジリエンスを高める学びを支援する実践の論としての役割が求められている。

読者のための参考文献

・Aldrich, Daniel P., 2012, *Building Resilience: Social Capital in Post-Disaster Recovery*, Chicago: The University of Chicago Press.（石田祐・藤澤由和訳『災害復興におけるソーシャル・キャピタルの役割とは何か：地域再建とレジリエンスの構築』ミネルヴァ書房，2015 年）
・千葉一「前浜『椿の森』プロジェクト：エコロジカルな伝承の未来のために」『BIOCI-TY』第 61 号，2015 年
・廣重剛史『意味としての自然：防潮林づくりから考える社会哲学』晃洋書房，2018 年
・秦範子「実践　レジリエンスを高める防災学習と地域防災活動―茨城県常総市の取り組み―」阿部治・岩本泰編著『知る・わかる・伝える SDGs Ⅲ　生産と消費・気候変動・海の豊かさ・陸の豊かさ・平和と公正』学文社，2022 年
・秦範子「『新型コロナウイルス感染症（COVID-19）緊急研究プロジェクト』報告」阿部治・朝岡幸彦編著『知る・わかる・伝える SDGs Ⅳ　教育・パートナーシップ・ポストコロナ』学文社，2022 年
・ウルリヒ・ベック『危険社会：新しい近代への道』東廉・伊藤美登里訳，法政大学出版局，1998 年

第 8 章
協同実践で拓く学び

8-1 **SDGs 時代の社会教育**

「持続可能性 Sustainability」という概念は，決して目新しい用語ではない。
1980 年代後半には，国連「環境と開発に関する世界委員会」の最終報告書
"Our Common Future"（通称「ブルントラント報告」，1987 年）の提起を受けて，
同概念は国際的に広く認知されるようになった。また，資源の有限性と環境問
題に着目したローマ・クラブ『成長の限界』（1972 年）による警鐘をふまえれ
ば，地球の持続可能性は半世紀にわたって人類の最優先課題であり続けてきた。

しかし，この半世紀の歩みを振り返ってみると，むしろ環境破壊や社会不安
は増大するばかりである。いま，われわれは真剣に自らの問題として持続可能
な社会の建設にむけて何ができるかを考え，実践することが求められている。

その検討の際，われわれはいくつかの「壁」に直面しているように思われる。
その最たるものは，「持続可能性」をとらえる位相が人や立場によって異なる
ということであろう。たとえば，つい最近まで本書の一つのキーワードになっ
ている SDGs（持続可能な開発目標）という言葉の社会的な認知度は低かった。
そのような状態から，いまや営利・非営利にかかわらずほとんどの企業・行
政・組織が SDGs をスローガンに掲げている。

持続可能性にかかわる議論の近年の特徴は，それを単なる地球環境問題とし
てとらえるのではなく，経済，政治，文化的側面を包含した複合的・多元的な
視点から，これからの社会の進むべき方向性を探求しようとしている点にある。
本書全体でも「持続可能性」という概念を発展途上国の問題や環境問題に限定
しない社会の多面的な側面からとらえる視点は共通している。その意味では，
SDGs は 2030 年までに到達しておくべき具体的な課題（到達目標）を明示した

ことによって，実際的な行動を促す契機になったと評価できる。

　その一方で，17 の目標に各組織が個別分散的に取り組むことになり，全体性を有する持続可能な社会の実現にむけたアクションが往々にして矛盾的な結果を生み出すことにもなっている。持続性が個別テーマ化されることによる弊害である。斎藤幸平は SDGs を現代版「大衆のアヘン」と痛烈に批判しているが（『人新世の「資本論」』集英社，2020 年），宗教に対する短絡的なとらえ方や極端な物言いはともかくとして，商業目的の企業アピールに利用される SDGs ブーム批判ととらえれば，資本主義システムが引き起こす「苦悩」（罪悪感）を和らげる装置化への警鐘と受け止めることは可能であろう。

　教育に関しては，SDGs 目標 4 に「すべての人に包摂的かつ公正な質の高い教育を確保し，生涯学習の機会を促進する」が明記されているが，教育・学習機会の提供のみならず，社会との接点のなかに教育の意義を見出す社会教育学的な観点からすれば，最も重要なテーマは 17 の目標としてあげられている諸課題の連関への気づきをどのように促すかという点にあるといえよう。

　本章では，労働者協同組合（ワーカーズコープ）運動に着目し，とりわけ地域課題の気づき，共有，そして協同実践としての実践コミュニティが地域へと広がりをみせる過程に伴う学びの考察を通して，持続可能な地域社会の実現にむけた社会教育の展望について考えてみたい。

8-2　労働者協同組合法の成立と持続可能な地域社会

（1）労働者協同組合法の成立

　新型コロナ（COVID-19）危機下の 2020 年 12 月 4 日，労働者協同組合法（以下，労協法）が参議院本会議にて全会一致で可決・成立（同年 12 月 11 日公布）し，2022 年 10 月 1 日に施行された。臨時国会会期末前日での成立は，深刻な失業や社会不安が重要な社会課題であることへの認識が背景にあったといえる。

　協同組合という非営利事業体の歴史は古く，産業革命期にまでさかのぼることができる。当時，劣悪な労働条件や貧困に苦しんだ労働者が，自らの働き方や暮らしの改善にむけて，主体的かつ民主的に運営する事業体を立ち上げた。

わが国でも，1900 年に協同組合法の原型となる産業組合法が制定されている。しかしながら，この法律は産業振興を重視する国策の影響を強く受けたものであった。第二次世界大戦後，農業協同組合，漁業協同組合，生活協同組合，信用組合・金庫，森林組合など，さまざまな協同組合関連の法律が産業別に制定され，とりわけ地域生活に欠かせない存在として一定の役割を果たしてきた。

　このように戦後から高度経済成長期にかけて重要な役割を果たしてきた協同組合であるが，最後の協同組合法である森林組合法が制定されたのは 1978 年であった。42 年ぶりに民主的参加と協同を基本理念とする協同組合に関する法律（労協法）が成立したことは，いわゆる限界状況に直面している日本の現実を反映している。暴走する資本主義市場経済の限界に多くの人々が気づきはじめ，人間らしい仕事と暮らしを実現し，包摂的な社会をめざす協同組合に再び注目が集まっているといえよう。

　なかでも労協法は，主に利用者が組合員になる既存の協同組合とは異なり，そこで働くものが自ら出資し，民主的に運営し，責任を分かち合って働くところに特徴がある。また，既存の協同組合が行政による認可・認証制となっているのに対し，届け出制で設立することができ，事業の業種制限がない（派遣業以外）。このように，小規模（最低 3 名）な連帯ベースの非営利事業体の設立が可能となったことは，画期的な出来事であった。

　労協法のエッセンスは，以下の第 1 条（目的）に明確に示されている。

第1条　この法律は，各人が生活との調和を保ちつつその意欲及び能力に応じて就労する機会が必ずしも十分に確保されていない<u>現状</u>等を踏まえ，組合員が出資し，それぞれの意見を反映して組合の事業が行われ，及び組合員自らが事業に従事することを<u>基本原理</u>とする組織に関し，設立，管理その他必要な事項を定めること等により，多様な就労の機会を創出することを促進するとともに，当該組織を通じて地域における多様な需要に応じた事業が行われることを促進し，もって持続可能な活力ある地域社会の実現に資することを<u>目的</u>とする。

（下線筆者）

　この第 1 条は，「現状」，「基本原理」，「目的」の 3 つについて言及している。

まず「現状」では，今の社会の悲惨な状況について述べており，このような形で始まる法律は非常に珍しい。その背景には COVID-19 危機があることは間違いないが，非正規雇用やギグワーカーといった個人事業主（個人請負等の自営業）として扱われる雇用関係のない働き方の世界的な広がりによる不安定雇用の増加，多くの精神的・肉体的負担によって疲弊し働く意味を見出せない正規労働者の労働環境の悪化，そしてさまざまな社会的困難を抱えた就労困難者の生活困窮・貧困の広がりといった問題は，従来からこの社会が抱えていた課題そのものであった。つまり，働いていようがいまいが，多くの人々が生きづらさを抱えている現代社会の姿を反映したものといえる。

　第二の「基本原理」は，労働者自らが出資し，働く者の意見が反映される事業を行うことが明記されている。この「出資・意見反映・労働」の三位一体は，「雇われる働き方」が一般化している既存の働き方との違いを示している。ここに，産業革命期以降，組合員の主体的参加と民主的運営を協同の力で実現することを一貫して重視してきた協同組合運動の現代的到達点を見出すことができる。

　第三の「目的」は，２つの層に分けて考えることができる。まず，「多様な就労機会の創出」と「地域の多様な需要に応じた事業の実施」である（第一層）。そして，これらの地域のニーズに応じた多様な職場をつくり，多様なサービスを提供することを通して「持続可能で活力ある地域社会」をつくること（第二層）が目的とされている。

　就労機会の創出については，コロナ禍の深刻なダメージに鑑み，その期待は大きく，ワーカーズが一定の役割を発揮することが想定される。ただし，本法には「多様な」という言葉が加えられていることに注目すべきであろう。一般的に，既存の働き方では「自分を社会の枠に当てはめる働き方」が求められてきたし，私たち自身もそうあるべきだという思いを自己内面化してきた。しかし，社会的困難を抱えた人々のなかには，その仕事に合わせられない人も多くいる。そのような人々も含めて，ともに働く仕事づくり，社会づくりが志向されており，単なる就労機会創出だけでなく，働き方そのものを問うているとい

う理解が肝要となる。

　地域における多様な需要に応じた事業に関しては，超高齢社会の到来に代表される福祉領域や過疎に直面する農山村の実態に鑑みれば，経済的に大きな利益を生みそうな「ニーズ」の種を見つけるのではなく，目の前にいる一人の「困った」や課題から目を背けず，可視化する営みがその取り組みの基盤に据えられることになるであろう。そのプロセスでは，一つの課題が多様な課題へとつながっていることへの気づきが生まれる。よって，地域の現実にどれだけ接近することができるかが大きなカギとなる。

　では，この2つの側面を分離させず，相互に有機的に関連させながら実現することをめざす「持続可能で活力ある地域社会」とはどのようなものなのであろうか。以下では，法制定に先行して取り組まれてきた40年以上の労働者協同組合実践の経験の蓄積からその含意を明らかにしてみたい。

（2）労働者協同組合の歴史と実践

　労協法成立の背景には，中高年の雇用・失業対策の取り組みを基盤とする労働者協同組合（ワーカーズコープ）運動や，主に生活クラブ生協運動を母体としながら女性の自立と外部不経済として切り捨てられた分野での仕事づくりに取り組むワーカーズ・コレクティブによる約40年にわたる実践の蓄積があった。これらの団体は，法成立以前は中小企業等協同組合法に基づく企業組合法人やNPO法人などの法人格を活用していたが，働く者の主権性・主体性・当事者性を大切にし，民主的に共同管理・運営する協同組合思想は共通の価値として大切にしてきた。

　本章で取り上げる労働者協同組合（以下「ワーカーズ」）は，1970年代に失業者や中高年者の仕事おこしをめざして全国に誕生した「事業団」の取り組みを基盤にしている。失業者や労働者自らが管理・運営する事業体である事業団は1972年に西宮市で誕生し，1979年には「中高年雇用・福祉事業団全国協議会」が設立された。その後，国際的な労働者協同組合運動の胎動を目の当たりにした同組織は，自らを労働者協同組合と規定し，1986年には労働者協同組合連

合会として再出発し今日に至る。2020年度の労働者協同組合（ワーカーズコープ）連合会加盟組織で働く組合員は1万5,567人（日本高齢者生活協同組合を除く），総事業高は約350億円にまで達している。

　ワーカーズの設立当初から1980年代前半までは，自治体が事業団に仕事を提供する「事業団方式」を軸に事業を広げ，主に公園の維持・管理等の緑化事業（清掃，草刈り，水まきなど）に従事してきた（第1期）。1980年代後半には，生協や農協の物流センター業務および医療機関の施設管理・清掃業を担い（第2期），1990年代後半になると，介護部門（ヘルパー講座と地域福祉事業）を中心に制度を活用した自主事業化路線へと舵を切っていく。介護保険制度がスタートした2000年以降は，これらの実績をもとに福祉事業や公共職業訓練の委託事業も行うようになる（第3期）。指定管理者制度が施行された2003年以降（第4期）は，公共サービス業務が増加し，児童館やコミュニティセンター等の公共施設管理・運営から若者支援や障がい者支援など，その事業領域は多岐にわたっている。また，2011年東日本大震災からの復興にむけた地域住民と協同の仕事おこしや，2015年に制定された生活困窮者自立支援法にかかわる困窮者支援や職業訓練などを通して，困難を抱える仲間とともに仕事をおこす取り組みも増えている。

　このように中高年者の失業対策から始まったワーカーズ運動は，その展開過程を通して少しずつ事業内容を変化させている。とくに，福祉が民間団体によって担われる時代への移行が加速した1990年代後半以降，その事業範囲は，高齢者福祉からまちづくりにわたる広範かつ多様な領域に及んでいる。

　ワーカーズのもう一つの特徴は，そのめざす働き方にある。その実践のなかでめざしてきたことは「雇われない働き方」（出資・労働・経営を自ら担う主体的な働き方）と「よい仕事」（単にお金を稼ぐということではなく，失業者が社会に認められるような仕事）の実現であった。そして，その協同の働き方を現場レベルの「働く者どうしの協同」にとどめず，「利用者との協同」と「地域との協同」を加えた3つの協同を統合的にとらえた実践概念として「協同労働」という言葉が生み出された。つまり働く者が協同で自己決定する働き方を核と

しながら，その協同の輪を利用者や市民・地域住民へと広げ，地域のニーズに応え，困難をともに解決する仕事づくりをめざしてきたのである。

　このようにしてみれば，協同労働は外形的には多様なステークホルダーの主体的な参加と協同として説明できる。そして，そのプロセスには関わる人々の「意識化」（パウロ・フレイレ『被抑圧者の教育学』亜紀書房，1979年）と，雇う－雇われる/従業員－顧客/支援者－被支援者といった関係性の脱固定化が伴うというまなざしが決定的に重要となる。つまり，協同労働とは，一方的に有用なサービスや支援を提供したり，仕事場を提供するものではなく，ともに働き，協同の関係を地域に広げていくなかで他者との関係性を再構築し，社会への基本的信頼を回復させる働き方といえる。以下では，札幌を拠点に協同労働実践を展開するワーカーズの取り組みを題材に，その姿をみていきたい。

8-3　地域住民との協同で創り出す交流拠点 〜「篠路まちづくりテラス和氣藍々」〜

（1）札幌におけるワーカーズの取り組み

　ワーカーズの全国組織である日本労働者協同組合（ワーカーズコープ）連合会（以下，連合会）は，大別すると，単一事業体として各地域で独自の事業を展開する地域労協・事業団，高齢者の仕事おこしに取り組む高齢者生活協同組合，そして本章で取り上げる，モデル事業として連合会が直接的に運営に関わっているセンター事業団（全国に20事業本部，404事業所（1,319現場）：2022年8月現在）の3つの加盟組織によって成り立っている。

　北海道では，センター事業団北海道事業本部が道央エリア（札幌市・恵庭市・江別市・余市町），道南エリア（苫小牧市・室蘭市・洞爺湖町など），道北エリア（旭川市），道東エリア（釧路市）の4エリアにある15事業所，計50現場で公共施設管理運営，子ども支援，生活困窮者自立支援，就労支援，障がい者支援，若者サポートステーション，病院内保育所，介護事業などを行っている。また，これらの事業を通して出会った地域の人々とともに子ども食堂，おとな食堂，フードバンク，地域交流拠点，居場所づくり等，多様な地域のつながり

を創り出す活動が生まれている。

2006年に設立されたワーカーズの最初の事業は，札幌市の地区センターと老人福祉センターの委託事業であった。その後，後述する篠路コミュニティセンターなどの公共施設6館の委託事業受託へと広がり，これらに加えて子育てサロンや生活困窮者自立支援や就労支援などを行っている。公共施設運営が事業の中心であるが，そこで出会った地域住民との対話を通して見えてきた地域課題やニーズから新たな活動や事業が生まれていることが特徴的である。

札幌市における市民活動の拠点は，区民センター（10館）とエリアの広い2つの区に設置されているコミュニティセンター（2館）に加え，おおむね2つから3つの連合町内会単位に設置されている地区センター（24館）がある。従来，これらの公共施設は，地域住民が運営委員会を組織し，市が施設運営を委託する運営委員会方式で運営されていた。しかしながら，2003（平成15）年の地方自治法改正により公共施設の管理主体が民間事業者まで対象が広がったことにより，そのいくつかをワーカーズが受託することになった。これらに対して住民主体の運営の仕組みを壊すという反発があった一方で，既存の運営委員会方式自体も硬直化した事業運営や一部利用者の既得権意識に対する問題点が指摘されており，依然としてそのあり方については多くの課題が残されている。

ワーカーズが地区センター指定管理運営業務を受託した当初は，それまで運営を担っていた地域組織や住民との確執があったという。よって，札幌でのワーカーズの事業展開の歴史は，地域とのつながりと信頼関係構築を不断に追求するプロセスであったといえる。前述したように，ワーカーズは非営利事業体であるとともに，働くものに限定されない市民の主体性と協同性の形成を重要な価値にすえてきたが，その地道な取り組みのなかで探求してきたものは，住民とともに担う公共の新しい姿であった。

そのような十数年間の活動の蓄積のなかで，少しずつ地域との信頼関係が構築されていく。近年では，もともと地区センターの運営を担っていた連合町内会の会長から高齢者の居場所づくりの相談・要請を受け，お茶の間サロンが開設されたり，ボランティアを通じてつながった近隣小学校PTAのOGによる

ボランティア団体とともに子育てサロンを運営するなどの動きがみられる。全国各地で取り組まれている子ども食堂も、地区センターの利用者による食材提供や、調理のベテランの女性たちがボランティアとして参加し、地域の高齢者と子どもたちが食をともにする交流の場になっている。

　このように、ワーカーズの活動は、地域住民の声を聞き、その声（困難）を自分事として共有し、地域でまるごと受け止め支えあう場の形成へと展開しつつある。

（2）篠路コミュニティセンターでの地域住民との学びあい

　札幌市北部に位置する篠路は、1955年に旧篠路村から札幌市に編入合併し、現在は札幌市の町名としてその名を継承している。札幌で最も早く開拓がはじまった地域で、徳島からの入植者が多かったこともあり藍染や篠路歌舞伎などの文化が残っている。

　2010年に篠路コミュニティセンターの事業委託からスタートした篠路地域の実践も、他の公共施設運営と同様に町内会からの反発が強く、話し合いのテーブルに着くのに1年間かかったという。この間、ワーカーズは単なる建物の指定管理者としての業務を行うだけでなく、地域の行事に積極的に参加し、地域とともに歩む事業所として少しずつ地域住民の認知を得ていく。同時に、コミュニティセンターでの地域住民との交流のなかで気づいた地域の課題も数多くあった。暮らしの困りごとを抱えている高齢者もいれば、その経験や力を発揮できない高齢者もいる。センター内のロビーでいつも一人でゲームをしている子どももいれば、十分な食事が取れていない子ども、いつも一人で食事をしている子どももいる。生きづらさを抱えた若者、障がいや病気をかかえた人々、産後の孤立した子育て中の母親や仕事復帰の困難性をかかえた女性など、さまざまな人々の暮らしの姿がみえてきた。そこで、これらの地域（住民）の姿を可視化し、自分たちの手でだれもが住み続けたい協同のあるまちづくりに取り組む。

　同センターが地域との協同をより具体的に展開する一つの契機は、2014年

6月，月1回開催していた「きずなサロン」で篠路駅周辺の区画整備事業が話題にあがったことによる。そこでは，夢や希望がもてる地域の未来への願いとともに，自分たちの地域のことは自分たちで話し合って決めたい，という声があがった。そこで組合員ときずなサロンの参加者が一緒になって立ち上げたのが「しのろイーストみんなで駅前を考える会」である。同会は，まず地域の声を集める地域調査から始めることにした。具体的には，篠路文化祭において，地域住民にどのような駅前にしたいかのヒアリング活動を実施している。そこでは多くの住民が地域の現状に対して何らかの課題を感じているとともに，ありたい地域の姿についての考えや思いを持っていることを実感していく。

　篠路コミュニティセンター館長を経て後述する「篠路まちづくりテラス和氣藍々」の初代所長である石本さん（現，北海道事業本部長代行）は，対話を重ねていくなかで「駅とは単に公共交通機関の施設ではなく，人が集まりつながりを生む場所だ」という認識が醸成されるようになったと述べる。その後も，会の主旨に賛同してくれた人たちと具体的な話し合いを何度か重ね，アイデアを出し合うなかでありたい街のイメージを共有していく。

　2015年には活動がさらに広がり，市の担当者との現地懇談会や駅周辺の見学会なども実施するようになる。また，大学生や地元商店街と協力して夏祭りに出店するなど，継続的に地域の声を聞く活動を行っていった。これらの活動をもとに住民アンケートを実施・分析し，とくに多かった回答を3つの「ほしい」（「ごはんが食べられるお店がほしい」「だれもが気軽に集える場所がほしい」「歴史を伝える拠点がほしい」）としてまとめる。

　2016年9〜12月には，札幌市まちづくり政策局都市計画部主催の「篠路駅周辺地区まちづくりワークショップ」が行われ，10年後の篠路をイメージし，将来像を実現するために今必要な取り組みについて，活発な意見交換がなされた。そこでは，世代やおかれた状況の違いを超えた多様な人々が集い，憩い，豊かに暮らすための拠点の必要性が語られた。

　欲しい未来は自分たちでつくるよりほかない。この時期から，「しのろイーストみんなで駅前を考える会」の活動は質的な変化を見せる。

同会を中心とした篠路コミュニティセンターの活動は，これまでも地域調査を通して，まちの未来像について膨らんだ思いを形にしていくために，ソーシャルビジネス企画講座，エリアマネジメントシンポジウム，カフェ講座，子育て支援員研修，認知症サポーター養成講座など，それぞれができることに取り組んできたが，ワークショップは，暮らしを支え，つながりをつくり，にぎわいを生み出す拠点づくりのための具体的な行動へと一歩踏み出すきっかけになった。そこで，まちの名物を生み出そうと，地元の製粉工場の粉を使ったうどん作りを学び，前述の3つの「ほしい」にもこたえられるさまざまな機能を兼ね備えた地域の拠点としてのコミュニティカフェ（うどん店）設立へと着手していく。

　設立にあたっては，日頃連携を取っている篠路連合町内会，篠路地区社会福祉協議会，篠路地区まちづくり促進委員会，ワークショップでかかわった札幌市などの多様な団体の賛同と協力を得，とくに当時の連合町内会会長は「篠路地域をあげての取り組みにしていこう」と率先して呼びかけてくれており，資金面での支援にも尽力してくれた。こうして設立されたのが「篠路まちづくりテラス和氣藍々」である。

（3）地域に出ていくワーカーズ「篠路まちづくりテラス和氣藍々」

　2017年5月，篠路コミュニティセンターで働く組合員を中心にコミュニティカフェ「篠路まちづくりテラス和氣藍々」（以下，和氣藍々）が設立された。公共施設管理運営の委託事業が多いワーカーズにとって，地域のニーズや課題から生まれた活動が仕事づくりにつながった，札幌で初めての事業だった。手打ちうどんを提供する和氣藍々では，材料はすべて北海道産，うどんは地元の製粉工場のものを使うなど，材料へのこだわりだけでなく地域（産業）へのこだわりも強い。ほかにもシフォンケーキをはじめとした手作りケーキやカフェメニューも提供している。

　まちづくりの活動の延長線上で誕生した経緯もあり，和氣藍々は，設立当初から3つの「ほしい」や地域の居場所としての機能を重視してきた。カフェは，

①地元産野菜や特産品販売スペース，②歴史を伝える展示（カフェの調度品も古い農具や生活用品を活用），③各種企画の開催（展示ギャラリー，講座，ミニコンサート，多世代交流サロンなど），④貸しスペース・手作り品販売委託（住民主催の講座等のレンタルスペース，手作り品の販売ブースの貸出），⑤まちの観光案内所機能を有している。

　和氣藍々では働く仲間や地域の仲間が協同で企画したイベントを毎日実施している。また，イベントの企画会議や練習をする場，近隣大学のアウトリーチゼミの場としても活用されている。毎月のイベントカレンダーには「イベント開催中も通常通りおいしいお食事やケーキを提供しています！」と記載されており，一見すると誰が客かイベントの企画者・参加者かわからない。また，札幌のなかでは比較的農業がさかんな地域の特色を生かした地元産野菜・入植のつながりがある徳島の名産品・地域の特色を生かした藍染製品などの販売を通して「生産者」としてかかわる人々，講座やイベントなどで地域の歴史の記憶やさまざまな技を活かして講師として活躍する高齢者など，多様な人々が多様な形で関わり，つながる「機能」があちらこちらに転がっている。

　地域住民との活動のなかから派生した「チョコットおたすけたい」と連携して，暮らしのちょっとした困りごとを気軽に持ち込める場にもなっており，地域住民の力を生かした助け合いの機能も果たしている。このようにしてみれば，和氣藍々が創り出すまちづくりの拠点とは，安心して困りごとを持ち込める空間，地域の多様な知恵や技，そして何か役に立ちたいという思いを実現する空間，「ここに来れば何とかなる」という他者や社会に対する基本的信頼を取り戻す空間になっているといえよう。

（4）困難を抱えた人々とともに働く

　出資・労働・経営を自ら担う主体的な働き方と，単にお金を稼ぐということではなく，社会に認められるような「よい仕事」を追求してきたワーカーズは，障がい者や何らかの理由で通常の勤務が困難な若者などが自分のペースで働ける職場づくりをめざしてきた。そのようななかで，2018 年に，札幌市障がい

者協働事業を受託する。協働事業とは「障がいのある方もない方も対等な立場で，ともに働ける新しい職場のかたちを進め，障がいのある方の就労促進，社会的，経済的な自立を図ることを目的とした事業」（札幌市公式サイト https://www.city.sapporo.jp/shogaifukushi/syurou/kyodojigyo.html）で，和氣藍々では障がい者6名，健常者3名が協同で働いている（2022年12月現在）。また，札幌若者サポートステーション，市内のワーカーズの就労継続支援B型事業所，支援学校などとも連携して，社会的困難な状況にある若者や障がい者をボランティアとして受け入れている。

　労働者が主体になって民主的に経営するワーカーズは，労働者組合員の話し合い（「団会議」）を大切にしている。現場によってその頻度やあり方は異なるが，和氣藍々では，毎週月曜日9時から11時に組織や経営に関わる団会議を行った後，11時から12時の1時間「当事者研究」を実施している。当事者研究とは，北海道浦河の精神障がい者運動「べてるの家」から生まれた，生きづらさや苦労を当事者自身が研究することによって，仲間とともに「自分の助け方」をユーモアを交えながら見出そうとする研究活動である（浦河べてるの家『べてるの家の「当事者研究」』医学書院，2005年など）。べてるの家の当事者研究の理念は，地域の課題に真摯に対峙すればするほど新たな課題が見えてきて「つねに問題だらけ」であること，多様な人々がともに働くことを大切にしていること，そしてどんな人にも何らかの存在の意味と役割があることを経験的に知っているワーカーズにとって重なり合うものが多い。

　もともとは和氣藍々のファン（利用者）で，販売スペースに出店する地域住民だった現所長の須藤さんは，障がい者メンバーとともに働くことによって，自分も含めた「障がいのない人」の見ている世界が狭かったことに気づかされたという。当事者研究を通して，当事者は守ってあげる存在から頼れる仲間になっていく。そしてワーカーズの理念と親和性のある当事者研究の理念を語れるメンバーが仲間にいることが，自分たちの協同労働実践の意義と価値を常に再確認するために不可欠な存在だと感じているという。

　本章では，コミュニティセンターの管理運営をきっかけに地域の課題や未来について語り合い，実際に行動する対話的協同実践の展開過程を，札幌市篠路の取り組みを題材に考察した。以下では，事例分析に即して，その特徴についてまとめてみたい。

　ワーカーズは，篠路コミュニティセンター内での仕事や「きずなサロン」の取り組みを通してさまざまな声（困難や課題）と出会う。とりわけ地域住民が地域のことを主体的に考える契機になったのが，篠路駅の区画整備事業のあり方について考える「しのろイーストみんなで駅前を考える会」の設立と地域調査活動であった。それは地域の課題を可視化する重要なステップであるとともに，住民の協同学習過程ととらえてもよいであろう。しかしながら，この段階では，地域課題への気づきと地域住民の主体者意識の高まりは見られたものの，具体的な行動への展開は個別分散的であった。

　転機は，「篠路駅前周辺地区まちづくりワークショップ」での，立場の異なるさまざまなアクターによる4ヶ月にわたる話し合いのなかで，具体的な地域拠点の必要性が確認・共有されたことによって生まれた。石本さんは，この頃からワーカーズと地域住民の意識が「考える」から「実行する」へと転換していったと述べる。考える会から実行する会への展開は，学びと行動を分離させずに一体的なものとしてとらえる協同実践の新たな展開の可能性を示唆するものだったといえよう。

　そのような協同実践の展開のなかから，住民の声（暮らしの現実からの要求）を基盤にすえ，ともに創りあげるまちづくりの拠点として和氣藍々が設立された。そして，その中心に働きづらさ・生きづらさを抱えた人々とともに働く仕事づくりを位置づけたのである。そこでは，当事者も含めたメンバー全員で徹底的に話し合うことを大切にしている。加えて，単に話し合うだけでなく「対話的に考えること」と「協同で実行すること」を一体的にとらえる現場の姿勢は，地域住民との多様な対話的協同の経験の蓄積のなかで地域に埋め込まれた

価値となりつつある。弱さや違いを認め合って安心できる職場をつくり，その力を活かしあう協同の関係性の深まりが地域との協同の輪へと拡張し，その地域の協同の力がワーカーズの現場での働き方をさらに豊かなものにしていく。このような相互補完的・相互循環的な期待の伴う持続的な助け合いの関係が地域の文化として根づいていくプロセスに，地域生活と不可分な関係にある社会教育的価値を見出すことができる。

とはいえ，共感を生み出す協同実践は多様性を尊重するがゆえに違いも浮き彫りにする。よって，矛盾や葛藤と向き合い続ける協同労働実践は，つねに更新され続ける学び合いによって支えられている。このようにしてみれば，考えること（意識）と実行すること（行動）の乖離を架橋する協同的・拡張的学習の内実を豊かにするための不断の営みのなかにこそ，暮らしの総体としてとらえる持続可能な活力ある地域社会の未来を切り拓く社会教育実践の可能性と課題が内包されているといえよう。

読者のための参考文献
・浦河べてるの家『べてるの家の「非」援助論』医学書院，2002 年
・協同総合研究所編『協同ではたらくガイドブック《実践編》』，2021 年
・佐藤一子編著『地域学習の創造―地域再生への学びを拓く』東京大学出版会，2015 年
・日本労働者協同組合（ワーカーズコープ）連合会編『みんなで歩んだよい仕事・協同労働への道，そしてその先へ―ワーカーズコープ 35 年の軌跡』，2017 年
・藤井敦史・原田晃樹・大高研道編著『闘う社会的企業』勁草書房，2013 年

終　章

ポストコロナにおけるアクティブ・シティズンシップ
と生涯学習・社会教育

終-1 パンデミックは新グローカル時代の「持続可能な発展」に
何をもたらしたか

　1990年代以降，経済的グローバリゼーションが人間社会を支配するなかで，
グローバルとローカルそれぞれにさまざまな問題がもたらされ，世界各地の
人々がそれらに立ち向うローカルな内発的・主体的発展やグローバルな連帯に
奮闘し，その過程にはグローバルとローカルのつながりとともに対立や矛盾が
多様なかたちで顕在化した。本書はここまで，こうした「新グローカル時代」
に「持続可能な発展」を実現するために，地域に根差す「実際生活に即する文
化的教養」を支えようとしてきた日本の社会教育がどのようなあり方を示すこ
とができるか，どのように発展していくべきか，それは生涯学習においてどの
ような意味をもつのか，さまざまな側面から論じてきた。

　2020年1月30日，こうした時代に新たな衝撃を与える事態の始まりが告げ
られた。世界保健機構（WHO）が新型コロナウイルス感染症による「国際的
に懸念される公衆衛生上の緊急事態」を宣言したのである。この未曾有のパン
デミック（新型コロナ感染症の世界的大流行）により，私たちはあらゆる場面で
これまでどおりの生活を送ることができなくなり，非日常のなかでさまざまな
問題と可能性に直面してきた。そうした問題と可能性は，新グローカル時代の
「持続可能な発展」と社会教育・生涯学習のあり方にも数々の課題を投げかけ
た。いまなお状況が変遷する過程にはあるものの，ここで一度，これら課題と，
ポストコロナ社会の社会教育・生涯学習を見据えた展望について，考えてみた
い。

　本書は，「世代間の公正」「世代内の公正」を基本理念とする「持続可能な発

展」を，前者にかかわるグローカルな環境問題（自然―人間関係）の克服による「持続可能な未来」と，後者にかかわる格差・貧困・社会的排除問題（人間―社会関係）を克服する「包容的 inclusive な未来」の創造に，ともに取り組むことを求める概念として整理してきた。ここでは，パンデミックがもたらした影響を，持続可能な発展をとりまくこれら2つの視点からふりかえろう。

　まず，前者の「グローカルな環境問題（自然―人間関係）」にかかわって，パンデミックはどのような影響をおよぼしただろうか。

　第一に，パンデミックによる人間活動の鈍化は，ローカルでもグローバルでも一時的に環境問題の改善を促した。消費される化石燃料が減り，汚染物質や温室効果ガスの排出も減り，中国の大気汚染など公害の改善が報告された地域も多くあった。しかしながら，こうした効果はごく限定的かつ一時的なものに過ぎず，経済活動の回復とともに効果は消失している。全世界で人間活動が大きな制限を受けた状況下においても環境問題の改善はごく限定的だったという事実は，持続可能な発展のためには，経済社会とそれを支えるエネルギー等のしくみ全体についての大きな変革が必要であることを改めて強調したといえる。

　第二に，パンデミックは，人々に，自身が身体を置くローカルな地域環境の重要性を意識する機会を与えた。感染拡大を防ぐために「ステイホーム」の呼びかけが広がり，日常的に通っていた学校や職場，商業施設などが閉鎖された人々は，それまでにない長い時間を自宅とその周囲で過ごすこととなった。2020年2月28日付文部科学事務次官通知が学校臨時休業中の子どもたちに「基本的に自宅で過ごすよう指導すること」と記したことなどから，当初多くの学校や家庭が子どもたちに屋外で遊ぶことさえも禁じたが，その後，日本環境教育学会声明「子どもたちが『外で遊ぶ権利』を最大限保障してください」（同年3月7日）などが指摘した日常生活圏における野外・屋外活動の重要性が次第に認められるようになった。大人に対しても，当初は外出そのものを避けるべきだという認識が広がったが，感染対策への理解が進むにつれ，人込みを避けた野外・屋外活動には問題ないことが共有されていった。人込みを避けて野外を楽しむには，身近に豊かな空間，自然環境が残されており，それらへの

アクセスが容易であることが求められる。ローカルな自然環境の豊かさを日常的に楽しめることが生活の質向上につながり，逆にローカルな自然環境が乏しかったり汚染されていたりすれば生活の質を低下させるという認識がより多くの人に共有される機会をパンデミックがもたらし，なかには人口過密の都市部から郊外，地方へ移住する人も現れた。また，自宅周辺で過ごすようになった人々は，買い物や外食，娯楽も身近な地域で行うことが増え，多くの人がローカルなまちとのつながりを深めることとなった。

　第三に，パンデミックは，グローバルな環境課題に対しても人々の意識を高める機会をもうけた。2019 年 12 月に原因不明の肺炎が中国・武漢市で報告され，翌 1 月には国内で初めての感染者を確認，3 月初旬には世界の感染者数が10 万人を超えた。人々の国境を越えた行き来のなかで，ある地域で発生したウイルスが世界中に運ばれ広がっていったことが，運命共同体としての世界のつながりを明示した。そもそもこのパンデミック自体が，自然と人間の関係の問題により発現したグローバルな環境問題である。コロナを含む動物由来感染症の増加は，人間活動による森林破壊や気候変動など自然環境の悪化や野生生物の不適切な取引，薬剤耐性を引き起こす抗生物質の乱用等に起因するとされ，対策が求められている（UNEP Frontiers 2016 Report）。グローカルな自然環境保全対策を通じて環境悪化を食い止めることが，さらなるパンデミックを防ぐためにも重要だということになる。

　次に，パンデミックは「格差・貧困・社会的排除問題（人間―社会関係）」の視点からみてどのような影響をもたらしたであろうか。

　第一に，国家間，国家内の双方で経済的格差の増大が起きた。コロナ禍にウクライナ戦争の影響がくわわり，世界の貧困層減少に向けた対策は当初予測より 4 年以上遅れ，世界中で失業者が増加し，とくに低所得国では失業者に対する支援がほとんどないなど，国家間の所得格差が増加していることが報告されている（The Sustainable Development Goals Report 2022）。国内でも，「雇用の調整弁」としての非正規労働者の失業や中小・零細企業の倒産が増え，比較的所得が低い層の収入が大きく減り，経済格差が広がった。

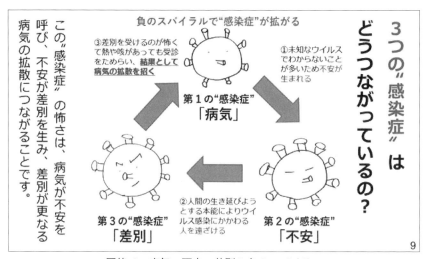

図終.1　病気・不安・差別の負のスパイラル

出所：日本赤十字社『新型コロナウイルスの3つの顔を知ろう！〜負のスパイラルを断ち切るために』（2020年）https://www.jrc.or.jp/saigai/news/200326_006124.html より

　第二に，パンデミック下では，さまざまな差別の問題も浮上した。当初，ウイルスが最初に発見された中国や，その中国や日本を含む東アジアの出身者，東アジア人的容貌をもつ人々への差別や暴力が世界各地で報告された。また，感染した人やその家族への非難や嫌がらせ，医療従事者やその家族に対する保育園等への登園や入店拒否，さらにワクチン未接種者への中傷なども広がった。病気が不安を呼び，不安が差別を生み，そうした差別がさらなる病気の拡散につながるという「負のスパイラル」も指摘された（図終.1）。

　第三に，多くの公的社会教育施設が閉鎖，または利用を制限されたことで，「自由な人格が自由に『公的施設』を利用して行う自主的学習・教育活動」としての自己教育・相互教育（自己教育活動）を支える社会教育（本書序章）という，社会教育の根幹が揺らぎ，社会的排除問題につながった可能性を考える必要がある。とくにパンデミック当初は感染対策がまだよく理解されていなかったこともあり，多くの自治体が公民館や図書館などの社会教育施設を閉鎖，なかには屋外のスポーツ施設や公園等を閉鎖したところもあった。自己教育活動

が発展する「環境醸成」に責任を負う各自治体がそれぞれの判断を下した過程に，学ぶ権利の保障と公衆衛生の間に生じた葛藤と軋轢への認識と熟考がどれだけあったか，ふりかえる必要があろう。施設の閉鎖や利用制限により中断・縮小した社会教育の実践とコミュニティは，その後の利用再開で徐々に取り戻されつつあっても，以前のようには戻らない場合があり，そこで「取り残される」人々が誰か，注意深く把握する必要がある。

　第四に，施設の利用制限ともかかわりつつ，社会教育の行事や講座を含む多くの地域の集まりが中止または延期となり，人々が直接的につながる機会が制限されてきたことも，さらなる社会的排除問題につながっている可能性がある。パンデミック前，格差・社会的排除の解消をめざす取り組みとしていわゆる「子ども食堂」が全国に広がりつつあった。経済的な困難を抱える家庭のみならず，親が共働きで多忙であったり，「ワンオペ」で孤独だったり，子育てに悩みを抱えていたり，さまざまな状況にある家庭の子どもや親，そうした家庭を支えたいと思う地域の人々などが集い，ともに食事をするなかでつながりをつくるこうした活動も，コロナ禍では大きく制限された。とくに，感染のリスクが高い食事をともにする活動が制限されるなか，食材や料理の配達やテイクアウトによる支援に切り替えた例もみられるが，ローカルなつながりによる格差解消へ向けた取り組みをいかに再活性化していけるか，ポストコロナ社会の大きな課題となる。また，自治会・町内会，PTA，さまざまな趣味の会，祭りや伝統行事などが活動を停止または制限した結果，地域のなかに築かれてきたつながりが絶たれている地域が多くある。とくに子ども会や子育てサークルなどの活動は，子どもの成長とともに対象が入れ替わっていくことから，数年間の空白が活動の断絶につながりやすい。徐々に行事や活動を復活した地域もあるが，失われたつながりを回復するにはパワーと時間が求められ，それが足りずにこのまま消失するものもあるだろう。

　第五に，そうした対面での会合を制限される状況下でデジタルトランスフォーメーション（DX）が広がった。社会教育の領域においても，パンデミックを機に会議や講座等にSNSやオンライン会議を活用することで，従来

は育児や介護，障碍や病気などで家を離れることが難しかった人々にも参加が開かれたケースがある。異なる地域，時には遠く離れた国々に暮らす人々が，オンライン上でともに学び支え合う関係を築いたケースもある。学校教育においても，パンデミック以前から計画されていた「GIGA スクール構想」の進展が早まり，小中学校で「一人一台」端末が配布され，休校や集会制限下でのオンライン授業配信のほか，コロナ感染に限らないさまざまな理由で登校できない・しない児童・生徒がオンラインで授業に参加することができるケースも出てきている。いっぽうで，「デジタルデバイド」，つまりデジタル機器や技術，環境の格差によって生まれる情報入手・活用，学習や就業などの格差の問題にも注意をはらう必要がある。また，DX の発展と活用が進むいっぽうで，だからこそ対面して場をともにすることの意義や価値がより強く意識される状況もある。

　このように，パンデミックは，「グローカルな環境問題（自然―人間関係）」に関して，人間活動の低下が環境問題を改善はするものの根本的な変革がないと解決には至らないことを示しつつ，ローカルな地域の自然・社会環境のありようとグローバルな環境問題のつながりが人々の生活に大きな影響を与えることを意識化した。また，「格差・貧困・社会的排除問題（人間―社会関係）」に関して，ローカル・グローバルの双方で格差を広げ，さまざまな差別問題を引き起こしたとともに，社会教育施設の利用制限や行事や講座，その他会合の制限によって，地域の人々が支え学び合う関係に大きな打撃を与え，そのなかでDX の可能性と課題が浮上している。パンデミックがもたらしたこうした状況への認識から，われわれは何を考え，学びとり，持続可能な発展を支えるESD としての社会教育・生涯学習を切り拓いていくことができるだろうか。

終-2　アクティブ・シティズンシップを支える ESD としての生涯学習・社会教育

　本書序章で，これからの「社会教育としての生涯学習」には，①生涯学習は「人権中の人権」であるという「現代的人権」，②大人の学びと子どもの学びを

図終.2　持続可能な発展の二つの方向性

出所：二ノ宮リム「持続可能な地域を創るのは誰か：社会課題を乗り越えるための対話と教育」，原田・西田編「社会デザインのための新機軸創造」『地域デザイン』2022 年，vol.20，229-234 頁を改訂

つなぐ「世代間連帯」，③学習は「社会的実践」であるという「社会参画」，④私と地域と世界をつなぐ「グローカル」，そして，⑤地域生涯教育公共圏を創造する「住民的公共性」が重要となることが示された。これら5つの視点をおさえながら，新グローカル時代の持続可能な発展を創造しようとするとき，その基盤となるのが「アクティブ・シティズンシップ」の考え方である。

　持続可能な発展を実現するには，大きく分けて2つの方向性があると考えられる（図終.2）。ひとつは「権威による持続可能な発展」，つまり政治，経済，学術などの分野で権威をもつリーダーが，持続可能な社会のあり方と実現へ向けた方策を示し，その実現に民衆を動員する方向である。もうひとつは「多様な主体の参画による持続可能な発展」，つまり市民を含むさまざまな主体の「参画」によって，持続可能な発展に対する認識をすり合わせながら，実現が進む方向だ。『2030 アジェンダ』や昨今の持続可能な発展に向けた議論が強調するのは，このうち後者である。持続可能な発展は，多様な「市民（シティズン）」の「アクティブ（能動的）な参画」を求める。そしてそれを支えるのが，教育である。

『2030 アジェンダ』がタイトルに
「我々の世界を変革する」と掲げたよ
うに，持続可能な発展は，既存の社会
経済システムを前提としてその枠の中
で技術・制度を開発したり人々の善行
を促したりするだけでは実現できず，
社会全体のあり方そのものを変えてい

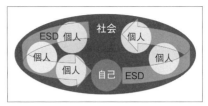

図終.3　自己と社会の変革・変容につ
ながる学習・教育のサイクル

くことが必要となるという認識が広く共有されつつある。「あいち・なごや宣
言」（2014年）がGAPの理念と優先行動分野をふまえつつ「学習者自身およ
び学習者が暮らす社会を変容 transform させる力を与えるESDの可能性を重
視」（宣言8）したように，社会の変革は，学びを通じ変容する「学習者自身」
としての市民によって実現される（図終.3）。そのような自身の変容と社会の
変革に向けたプロセスへ市民が参画する機会を保障しようとするとき，それを
支える「教育」の役割がきわめて重要となる。これは，戦後日本の社会教育，
とくに青年教育や女性学習が，社会を創る人々を支える役割を担ってきたこと
とも重なる。ESDに関わる議論のなかでも，『2030アジェンダ』以前から，持
続可能な開発を担うアクティブな市民の育成に関わる議論が蓄積され，認知面
にくわえ社会・情緒・行動の側面を含むエンパワメントを，学びの内容・成
果・方法・環境を連動させながら支え，学習者と社会の変容・変革（transfor-
mation）につなげる過程として検討・実践・評価する試みが広がってきた
（UNESCO, 2020, *Education for Sustainable Development: A Roadmap.*）。教育が学習
者の変容と社会の変革を支える重要性は，近年，教育領域全体で広く強調され，
さらには「平和で公正で持続可能な未来をかたちづくるために，教育そのもの
が変わらなければならない」（UNESCO, 2021, *Reimagining Our Futures Together:
A New Social Contract for Education.*）と，社会の一部としての教育そのものにも
変革が強く求められている。

　1997年，「成人学習に関するハンブルク宣言（ユネスコ第5回国際成人教育会
議）」は，「人権への十分な配慮に基づいた人間中心的開発と参画型社会のみが

持続可能で公正な発展をもたらす」とし，それを支える教育は，「アクティ
ブ・シティズンシップの帰結であると同時に社会生活への完全な参加の条件」
（下線は筆者による）として「生態学的に持続可能な発展を進め，民主主義，正
義，ジェンダー平等，科学的・社会的・経済的発展を促し，暴力的な紛争が対
話と正義に基づいた平和の文化に転換された世界を構築するための強力な概
念」だとうたった。さらに 2015 年，ユネスコ総会で採択された「成人学習及
び成人教育に関する勧告（Recommendation on Adult Learning and Education:
RALE)」（2015 年勧告）は，重点領域として「識字と基礎教育」「継続教育と専
門開発」「リベラル・民衆・コミュニティ教育などアクティブ・シティズン
シップのための教育と学習」を挙げ，とくに 3 つ目について，教育が人々に
「貧困，ジェンダー，多世代連携，社会変動，正義，公正，排除，暴力，失業，
環境保護，気候変動などの社会的課題に積極的に取り組めるようエンパワー」
し，「健康とウェルビーング，文化，精神性，その他人格的な発展と尊厳に役
立つすべての面で充足した生活を送る助けとなる」（訳文は近藤「SDGs 時代の
成人学習・教育（ALE）の国際的展開—SDG4.7 とアクティブシティズンシップスキ
ルの教育の課題」『日本公民館学会年報』第 17 号，2020 年，129-138 頁，下線は筆
者による）とした。
　また，2021 年の ESD に関するユネスコ世界会議で採択された「ESD に関す
るベルリン宣言」は，ESD が「全ての人に持続可能な開発への変化の担い手
になるための知識，技能，価値及び態度をもたらす，必要とされる変容の礎」
であり，「市民として責任ある行動を取る力を与え」「自然の他，人権，民主主
義，法の支配，不差別，公正及びジェンダー平等の尊重に基づき」「異文化理
解，文化多様性，平和と非暴力の文化，包摂性，責任ある行動的（＝アクティ
ブ）なグローバル市民の概念を推進」（文部科学省仮訳，下線および（　）内は筆
者による）するものだとした。そして，2022 年，第 7 回国際成人教育会議
（CONFINTEA VII）が採択した「マラケシュ行動枠組：成人学習・教育の変革
力を実装する harnessing the transformational power」には，成人学習・教育
は「社会的結束を固め，社会情動的スキル開発を強化し，平和を確保し，民主

主義を強化し，文化理解を深め，あらゆる差別を排除し，平和的共生やアクティブ・シティズンシップ，グローバル・シティズンシップを促進するための強力な政策対応となる」（文部科学省仮訳，下線は筆者による）と記された。

　このように，1990 年代以降の ESD や成人学習・教育にかかわる国際的議論のなかで繰り返し強調されてきたアクティブ・シティズンシップの教育とは，さまざまな社会的課題に対し，他と連帯しながら能動的に取り組み，個人の変容と社会の変革を連動させながら，平和，人権，民主主義，共生といった価値を共有し持続可能な未来を共創する，そのような市民を支えるエンパワメントの教育である。「責任ある」アクティブ・シティズンシップと表される際，その「責任」は周囲や上から要求されるものというよりも，自らがより公正な社会のあり方を考え，そうした社会に生きるために，その実現を自ら担おうとする，自らの力を信じるという意味での「責任」ととらえたい。アクティブ・シティズンシップの教育は「リベラル・民衆・コミュニティ教育」とも表されているように，社会教育・生涯学習のなかでこそ実践が蓄積されており，また今後さらに展開していく必要がある。

　前述のとおりパンデミックにより人々のローカルな関係が断たれたり弱められたりした結果，社会的排除問題の深刻化だけでなく，市民の積極的な社会参画・活動，つまりアクティブ・シティズンシップの低下が引き起こされていると考えられる。パンデミック下では，人々が対面し集うありとあらゆる機会が制限されてきた。日本を含む多くの国で，たとえば学校や商業施設の閉鎖，外出や移動の制限などトップダウンで決定，実行されるなか，計画された集会のみならず偶然の出会いの機会までが失われた。私たちは，日々の暮らしを通じて抱く困りごとや問題意識を，他の人と分かち合い話し合うことで，その公共性を確認し，市民としての社会的な行動へつなげていくことができる。人と出会い集う機会がなければ，個々の問題意識は広がらず，公共的・社会的な活動を引き起こさない。

　パンデミックのなかで，政府などによる行動制限の要請が，時に人々に充分に受け入れられなかったり，それへの対応を巡る分断を人々の間に生じさせた

りした現実をふまえると，公共性をふまえた方針であってもそれがトップダウンで発信されるだけでは，市民はそれを他人事としてとらえたり，それぞれのとらえ方の違いを批判しあったりと，主体的な連帯にはつながらない。つまり，持続可能な発展についても，政府や有識者がその重要性を発信すれば市民にそれらが受け入れられて多様な関係者の主体的な協働が促されるわけではない。パンデミックとそれへの対応を身をもって体験してきた私たちは，持続可能な発展とアクティブ・シティズンシップ教育・学習の関係性を，こうした実感をもって見直すことができる。

　本来であれば基本的な人権として尊重されるはずの移動や集会がトップダウンで一方的に制限される異常事態は，多くの人々を，アクティブなシティズンとして社会に参画する機会や意識から遠ざけた。しかしいっぽうで，実はパンデミック以前から，社会教育に関わる公的施設や学習機会，さらには町内会・自治会や PTA などを含むさまざまな地域の団体や祭礼などの行事が，すでに衰退を始めていたのである。既存の社会教育や地域づくりの仕組みが，多くの人にとって魅力を失い，負担にさえなっていたことを省みて，いま，新たな地域のつながりのあり方とアクティブ・シティズンシップの可能性を創出する機会が訪れたのだととらえたい。

終-3　アクティブ・シティズンシップに向けた社会教育を生み出す専門職

　アクティブ・シティズンシップにつながる生涯学習を支えるという社会教育のきわめて重要な使命を実現するために，その現場を担う「専門職」はいかにあるべきだろうか。

　社会教育に関わる職員について，現行の社会教育関連法は資格制度に基づく専門的職員としての「社会教育主事・社会教育主事補」，「図書館の司書・司書補」，「博物館の学芸員・学芸員補」，そうした制度を定めない「公民館の職員」を規定している。こうした職員を置くことは，社会教育法第3条に「国及び地方公共団体は……すべての国民があらゆる機会，あらゆる場所を利用して，自ら実際生活に即する文化的教養を高め得るような環境を醸成するように努めね

ばならない」と記される「環境醸成」の一環ととらえられる。

　なかでも，社会教育主事は，「社会教育を行う者に専門的技術的な助言と指導を与える」「学校が社会教育関係団体，地域住民その他の関係者の協力を得て教育活動を行う場合には，その求めに応じて，必要な助言を行う」（いずれも社会教育法第9条の3）ことを職務とし，社会教育法が1959年に改正された際，都道府県及び市町村の教育委員会に必ず置くことが定められた，社会教育の中核を担うべき専門職だ。ところが，実際には，教育委員会に社会教育主事（都道府県が現職教員などを市町村に派遣する「派遣社会教育主事」を含む）を置く市町村の割合は，1996年度に91.3％だったのが，2015年度には52.6％と，この四半世紀間に急減している（社会教育調査）。背景には，行政分野全体の縮小がめざされる昨今の事情もあるが，同時に，社会教育主事の役割や専門性が自治体の首長や住民らに認知されていない，理解されにくいという状況もある。

　社会教育主事の職務について社会教育法に「専門的技術的な助言と指導」と記載されていることは先に述べたが，実はこれには「ただし，命令及び監督をしてはならない」という注意書きが続く。これはつまり，社会教育の役割は自己教育活動の下支えであるという理念に基づく。戦後日本の社会教育が大切にしてきたこの理念は，新グローカル時代のアクティブ・シティズンシップを支える社会教育においても軸となる。さまざまな社会的課題に対し，他と連帯しながら能動的に取り組み，個人の変容と社会の変革を連動させながら，平和，人権，民主主義，共生といった価値を基盤に持続可能な未来を共創する，そうした学びの主役は市民（シティズン）自身であり，社会教育主事はそれを支える役割を担うのだ。しかし一方で，人々が自ら取り組む学習に対し助言と指導というかたちでかかわるという役割にはわかりにくさもつきまとう。人々が能動的に学習する営みが最優先であるならば，社会教育主事は，その人々が発する要請を受動的に待ち，求められたことに応えていればよいのだろうか。

　新グローカル時代を生きる私たちにとって，自らの力を開花させ人生の質を高める学びと，社会の課題に向き合い持続可能な未来を創造する学びは，不可分の関係にある。高度経済成長時代に，社会教育の活動が個人的，趣味的活動

に偏り，生活や地域の課題解決につながる「実際生活に即する」学習と「文化的教養」の結びつきが脆弱になった背景には，国全体が経済成長という共通目標に向け突き進み，人々はその流れの中に生きることを求められる社会的状況があった。翻って現代の私たちは，人生についても社会のあり方についても多様な価値観と現実が混在するなかで，環境，人権，平和，経済といったさまざまな側面における持続不可能性の課題に直面している。世界共通の目標となった持続可能性は，SDGs のように具体化されたものが共有されてはいるものの，その解釈と実現には人々や地域の多様な文脈への位置づけが不可欠であり，また本来，そうした多様な文脈における持続可能性は，SDGs のように規定されたものを超えて，各人・各地域により主体的に決定し創造される必要がある。そのような持続可能性は，個々の人間の生存と幸福の基盤となると同時に，その基盤は一人ひとりのアクティブ・シティズンとしての思考と行動なしには実現しえず，それを支えるのは学習にほかならない。

　つまり，現代社会において，社会教育主事をはじめとする社会教育の専門職は，アクティブ・シティズンとしての個人の変容と社会全体の持続可能性へ向けた変革の学びを，不可分のものとして実現することを支える存在となる。その役割は，人々の要請を待ち，応えるだけでは果たしえない。個々人の学習に対する期待や希望の背景と，地域と世界の状況を見渡し見出した生活・地域の課題や資源を学習と結びつける，そのことにこそ専門性の発揮が求められる。生活・地域課題が複雑化・高度化・グローバル化している現代において，学習と課題や資源を結びつけるためには，専門職の立場から地域内外に幅広いネットワークと視野を築く必要がある。さらに，個々の文脈に基づく多様な立場の間の対立を乗り越え，持続可能性を実現していくために，対話のちからを育み対話を促す役割も重要となる。

　さらに，格差と排除を深刻な課題とする現代社会を，持続可能で包容的な社会へ変革していくためには，学習に対する期待を自ら表す人々に対応するだけでは足りない。学習機会から疎外された人々の課題や困難を見出し，隠れた学習ニーズを掘り起こし，人々とともに学びを創り出すことが，専門職の重要な

役割となる。人々の状況が多様化するなか，個々の事情に応じようとする柔軟性も求められる。

　こうした専門職の役割は，人々・地域の学びを促すファシリテーター，学びあいのネットワークを築き機会を広げるコーディネーターと表すこともできる。そしてこのような役割は，新グローバル時代の ESD としての社会教育において，社会教育法が定める社会教育関係職員・専門職以外にも幅広い人々がすでに担いつつある。社会教育主事は「任用資格」であり，講習の受講や大学における養成課程を経て資格を得た者が，教育委員会事務局への配属を発令されて初めて社会教育主事を名乗ることができるが，このことが社会教育専門職の確立を阻んできた状況があった。これを受けて，2020 年より社会教育主事講習規定の一部改正が施行され，社会教育主事の講習または養成課程を修了した者は「社会教育士」を称することができるようになった。社会教育士は，社会教育行政だけでなく，学校教育行政や，市民との協働が求められる多様な行政分野のほか，これまでも持続可能な社会づくりへ向けた活動と人々の学習を結びつけ支える役割が求められてきた NPO 等の市民団体を含むさまざまな場で専門職として認められ活躍することが期待されている。

　社会教育を支える専門職が今後広く認知され，その役割が理解されるためには，専門職としてのネットワーク形成，研鑽と発信も重要だ。社会教育士の資格も専門職へのゴールではなくスタートまたは中継点として，個人の変容と組織や社会の変革のサイクルを通じて学び続ける専門職の変容学習が不可欠であることは，強調しておかねばならない。

終-4　ポストコロナ時代の社会教育・生涯学習へ

　パンデミックがもたらした，「グローバルな環境問題（自然─人間関係）」「格差・貧困・社会的排除問題（人間─社会関係）」双方の視点に基づく持続可能な発展にかかわる課題と可能性は，ポストコロナ時代の社会教育・生涯学習を切り拓くヒントを示している。気候変動をはじめとする持続可能な発展を阻む深刻な状況のなかで，ローカル・グローバルな環境と暮らしのつながりをふまえ，

DX も活用しながら，パンデミック以前から衰退しつつあった人々が学び支え合う関係性を再構築し，人間社会を大きく変革していくために，いま，アクティブ・シティズンシップを支える社会教育・生涯学習の役割はかつてないほどに重要だ。一人ひとりの学習者としての市民が自身と周囲の変容と組織や社会の変革を連環しながら生涯を通じ育ち生きる，その下支えこそが，ポストコロナの社会教育の使命となる。

■ 読者のための参考文献
・小玉重夫『シティズンシップの教育思想』白澤社，2003 年
・佐藤一子・大安喜一・丸山英樹編著『共生への学びを拓く：SDGs とグローカルな学び』エイデル研究社，2022 年
・ハリー・C・ボイト『民主主義を創り出す：パブリック・アチーブメントの教育』小玉重夫監修，堀本麻由子・平木隆之・吉田雄一・藤枝聡監訳，東海大学出版会，2020 年

おわりに

　さて，改訂版を読み終えたみなさんのご感想は，どうだろうか。

　東日本大震災と福島第一原発事故（2011年）後の日本のありようを反映した旧版に対して，この改訂版は新型コロナウイルス感染症（COVID-19）のパンデミックと「ウクライナ戦争」の渦中で執筆されている。20世紀末の冷戦体制の終結によって市場経済を原動力とするグローバリゼーションが世界を席巻すると思われたものの，21世紀初頭の世界はそう単純には進まないことを明らかにしている。グローバリゼーションはさらに人々の格差を拡大し，冷戦体制さながらの権威主義 VS.民主主義や核兵器による威嚇という構図を再現し，気候変動に象徴される地球レベルでの危機をますます深めているように見える。

　MDGs（ミレニアム開発目標）から SDGs（持続可能な開発目標）への移行は，グローバリゼーションが助長する差別や貧困，飢餓，紛争，環境破壊などの問題が発展途上国だけの問題ではなく，先進国を含む地球全体の問題であることをふまえたものであるともいえる。はたして，私たちがいま取り組んでいる社会教育・生涯学習は，こうした世界のあり方を視野に入れたものになっているのであろうか。本書は，中堅の研究者を中心に，それぞれ自己教育運動，貧困と社会的排除，環境問題，地域づくり，災害，協同労働の視点から，私たちが生きている世界の問題を社会教育・生涯学習の課題として取り込もうとしたものである。いずれの問題も，残念ながら社会教育・生涯学習研究の領域では十分に議論されていないものである。

　私たちは，どうも人類史のなかでも大きな転換期を生きているのかもしれない。歴史的な画期は，その時代を生きている人には認識することができない，といわれることがある。最後に，ホロコーストを生き残ったエリ・ヴィーゼルの次の言葉を，みなさんと共有したい。

　「絶望にめげることなく，そして絶望しているからこそ希望を持たなければいけないのです。絶望に勝利させてはいけません。わたくしは世界が教訓を活

かしているとは思わない。しかし，その事実に気づかぬふりをしているわけにはいきません。そもそもわたしは絶望というものを認めません。やみくもに信じる，という言い方があります。私たちに必要なのは，やみくもに信じることだと思います」（アリエル・バーガー『エリ・ヴィーゼルの教室から』白水社，2019 年）。

　私も，次の世代，さらにその先の世代がつくりだす世界と社会教育・生涯学習の可能性を「やみくもに信じたい」。

　2023 年 1 月

朝岡　幸彦

関連資料

社会教育法

昭和二十四年法律第二百七号（最終改正：平成二十九年法律第五号）

※網掛けの斜体文字は平成 20 年度改正前の旧法およびその補足

第一章　総則

（この法律の目的）

第一条　この法律は，教育基本法（平成十八年法律第百二十号）の精神に則り，社会教育に関する国及び地方公共団体の任務を明らかにすることを目的とする。

（社会教育の定義）

第二条　この法律において「社会教育」とは，学校教育法（昭和二十二年法律第二十六号）又は就学前の子どもに関する教育，保育等の総合的な提供の推進に関する法律（平成十八年法律第七十七号）に基づき，学校の教育課程として行われる教育活動を除き，主として青少年及び成人に対して行われる組織的な教育活動（体育及びレクリエーションの活動を含む。）をいう。

（国及び地方公共団体の任務）

第三条　国及び地方公共団体は，この法律及び他の法令の定めるところにより，社会教育の奨励に必要な施設の設置及び運営，集会の開催，資料の作製，頒布その他の方法により，すべての国民があらゆる機会，あらゆる場所を利用して，自ら実際生活に即する文化的教養を高め得るような環境を醸成するように努めなければならない。

2　国及び地方公共団体は，前項の任務を行うに当つては，国民の学習に対する多様な需要を踏まえ，これに適切に対応するために必要な学習の機会の提供及びその奨励を行うことにより，生涯学習の振興に寄与することとなるよう努めるものとする。

（第三条 2 は新設）

3　国及び地方公共団体は，第一項の任務を行うに当つては，社会教育が学校教育及び家庭教育との密接な関連性を有することにかんがみ，学校教育との連携の確保に努め，及び家庭教育の向上に資することとなるよう必要な配慮をするとともに，学校，家庭及び地域住民その他の関係者相互間の連携及び協力の促進に資することとなるよう努めるものとする。

2　国及び地方公共団体は，前項の任務を行うに当つては，社会教育が学校教育及び家庭教育との密接な関連性を有することにかんがみ，学校教育との連携の確保に努めるとともに，家庭教育の向上に資することとなるよう必要な配慮をするとともに，学校，家庭及び地域住民その他の関係者相互間の連携及び協力の促進に資することとなるよ

う努めるものとする。

（国の地方公共団体に対する援助）

第四条　前条第一項の任務を達成するために，国は，この法律及び他の法令の定めるところにより，地方公共団体に対し，予算の範囲内において，財政的援助並びに物資の提供及びそのあつせんを行う。

（市町村の教育委員会の事務）

第五条　市（特別区を含む。以下同じ。）町村の教育委員会は，社会教育に関し，当該地方の必要に応じ，予算の範囲内において，次の事務を行う。

一　社会教育に必要な援助を行うこと。

二　社会教育委員の委嘱に関すること。

三　公民館の設置及び管理に関すること。

四　所管に属する図書館，博物館，青年の家その他の社会教育施設の設置及び管理に関すること。

四　所管に属する図書館，博物館，青年の家その他の社会教育に関する施設の設置及び管理に関すること。

五　所管に属する学校の行う社会教育のための講座の開設及びその奨励に関すること。

六　講座の開設及び討論会，講習会，講演会，展示会その他の集会の開催並びにこれらの奨励に関すること。

七　家庭教育に関する学習の機会を提供するための講座の開設及び集会の開催並びに家庭教育に関する情報の提供並びにこれらの奨励に関すること。

七　家庭教育に関する学習の機会を提供するための講座の開設及び集会の開催並びにこれらの奨励に関すること。

八　職業教育及び産業に関する科学技術指導のための集会の開催並びにその奨励に関すること。

八　職業教育及び産業に関する科学技術指導のための集会の開催及びその奨励に関すること。

九　生活の科学化の指導のための集会の開催及びその奨励に関すること。

十　情報化の進展に対応して情報の収集及び利用を円滑かつ適正に行うために必要な知識又は技能に関する学習の機会を提供するための講座の開設及び集会の開催並びにこれらの奨励に関すること。

（第五条十は新設）

十一　運動会，競技会その他体育指導のための集会の開催及びその奨励に関すること。

十　運動会，競技会その他体育指導のための集会の

開催及びその奨励に関すること。

十二　音楽，演劇，美術その他芸術の発表会等の開催及びその奨励に関すること。

十一　音楽，演劇，美術その他芸術の発表会等の開催及びその奨励に関すること。

十三　主として学齢児童及び学齢生徒（それぞれ学校教育法第十八条に規定する学齢児童及び学齢生徒をいう。）に対し，学校の授業の終了後又は休業日において学校，社会教育施設その他適切な施設を利用して行う学習その他の活動の機会を提供する事業の実施並びにその奨励に関すること。

（第五条十三は新設）

十四　青少年に対しボランティア活動など社会奉仕体験活動，自然体験活動その他の体験活動の機会を提供する事業の実施及びその奨励に関すること。

十五　社会教育における学習の機会を利用して行つた学習の成果を活用して学校，社会教育施設その他地域において行う教育活動その他の活動の機会を提供する事業の実施及びその奨励に関すること。

（第五条十五は新設）

十六　社会教育に関する情報の収集，整理及び提供に関すること。

第五条十六は新設ならびに旧法第五条十三は削除

十三　一般公衆に対する社会教育資料の刊行配付に関すること。

十七　視聴覚教育，体育及びレクリエーションに必要な設備，器材及び資料の提供に関すること。

十四　視聴覚教育，体育及びレクリエーションに必要な設備，器材及び資料の提供に関すること。

十八　情報の交換及び調査研究に関すること。

十五　情報の交換及び調査研究に関すること。

十九　その他第三条第一項の任務を達成するために必要な事務

十六　その他第三条第一項の任務を達成するために必要な事務

2　市町村の教育委員会は，前項第十三号から第十五号までに規定する活動であつて地域住民その他の関係者（以下この項及び第九条の七第二項において「地域住民等」という。）が学校と協働して行うもの（以下「地域学校協働活動」という。）の機会を提供する事業を実施するに当たつては，地域住民等の積極的な参加を得て当該地域学校協働活動が学校との適切な連携の下に円滑かつ効果的に実施されるよう，地域住民等と学校との連携協力体制の整備，地域学校協働活動に関する普及啓発その他の必要な措置を講ずるものとする。

（都道府県の教育委員会の事務）

第六条　都道府県の教育委員会は，社会教育に関し，当該地方の必要に応じ，予算の範囲内において，前条第一項各号の事務（同項第三号の事務を除く。）を行うほか，次の事務を行う。

一　公民館及び図書館の設置及び管理に関し，必要な

指導及び調査を行うこと。

第六条　都道府県の教育委員会は，社会教育に関し，当該地方の必要に応じ，予算の範囲内において，前条第一項各号の事務（同項第三号の事務を除く。）を行う外，左の事務を行う。

一　公民館及び図書館の設置及び管理に関し，必要な指導及び調査を行なうこと。

二　社会教育を行う者の研修に必要な施設の設置及び運営，講習会の開催，資料の配布等に関すること。

三　社会教育施設の設置及び運営に必要な物資の提供及びそのあつせんに関すること。

三　社会教育に関する施設の設置及び運営に必要な物資の提供及びそのあつせんに関すること。

四　市町村の教育委員会との連絡に関すること。

五　その他法令によりその職務権限に属する事項

2　前条第二項の規定は，都道府県の教育委員会が地域学校協働活動の機会を提供する事業を実施する場合に準用する。

（教育委員会と地方公共団体の長との関係）

第七条　地方公共団体の長は，その所掌事項に関する必要な広報宣伝で視聴覚教育の手段を利用しその他教育の施設及び手段によることを適当とするものにつき，教育委員会に対し，その実施を依頼し，又は実施の協力を求めることができる。

2　前項の規定は，他の行政庁がその所掌に関する必要な広報宣伝につき，教育委員会に対し，その実施を依頼し，又は実施の協力を求める場合に準用する。

第八条　教育委員会は，社会教育に関する事務を行うために必要があるときは，当該地方公共団体の長及び関係行政庁に対し，必要な資料の提供その他の協力を求めることができる。

（図書館及び博物館）

第九条　図書館及び博物館は，社会教育のための機関とする。

2　図書館及び博物館に関し必要な事項は，別に法律をもつて定める。

第二章　社会教育主事等

（社会教育主事及び社会教育主事補の設置）

第九条の二　都道府県及び市町村の教育委員会の事務局に，社会教育主事を置く。

2　都道府県及び市町村の教育委員会の事務局に，社会教育主事補を置くことができる。

（社会教育主事及び社会教育主事補の職務）

第九条の三　社会教育主事は，社会教育を行う者に専門的技術的な助言と指導を与える。ただし，命令及び監督をしてはならない。

第九条の三　社会教育主事は，社会教育を行う者に専門的技術的な助言と指導を与える。但し，命令及び監督をしてはならない。

2　社会教育主事は，学校が社会教育関係団体，地域住民その他の関係者の協力を得て教育活動を行う場合には，その求めに応じて，必要な助言を行うこと

ができる。

（第九条の2は新設）

3　社会教育主事補は，社会教育主事の職務を助ける。

2　社会教育主事補は，社会教育主事の職務を助ける。

（社会教育主事の資格）

第九条の四　次の各号のいずれかに該当する者は，社会教育主事となる資格を有する。

一　大学に二年以上在学して六十二単位以上を修得し，又は高等専門学校を卒業し，かつ，次に掲げる期間を通算した期間が三年以上になる者で，次条の規定による社会教育主事の講習を修了したもの

イ　社会教育主事補の職にあつた期間

ロ　官公署，学校，社会教育施設又は社会教育関係団体における職で司書，学芸員その他の社会教育主事補の職と同等以上の職として文部科学大臣の指定するものにあつた期間

ロ　官公署又は社会教育関係団体における社会教育に関係ある職で文部科学大臣の指定するものにあつた期間

ハ　官公署，学校，社会教育施設又は社会教育関係団体が実施する社会教育に関係のある事業における業務であつて，社会教育主事として必要な知識又は技能の習得に資するものとして文部科学大臣が指定するものに従事した期間（イ又はロに掲げる期間に該当する期間を除く。）

ハ　官公署又は社会教育関係団体が実施する社会教育に関係のある事業における業務であつて，社会教育主事として必要な知識又は技能の習得に資するものとして文部科学大臣が指定するものに従事した期間（イ又はロに掲げる期間に該当する期間を除く。）

二　教育職員の普通免許状を有し，かつ，五年以上文部科学大臣の指定する教育に関する職にあつた者で，次条の規定による社会教育主事の講習を修了したもの

三　大学に二年以上在学して，六十二単位以上を修得し，かつ，大学において文部科学省令で定める社会教育に関する科目の単位を修得した者で，第一号イからハまでに掲げる期間を通算した期間が一年以上になる者

四　次条の規定による社会教育主事の講習を修了した者（第一号及び第二号に掲げる者を除く。）で，社会教育に関する専門的事項について前三号に掲げる者に相当する教養と経験があると都道府県の教育委員会が認定したもの

（社会教育主事の講習）

第九条の五　社会教育主事の講習は，文部科学大臣の委嘱を受けた大学その他の教育機関が行う。

2　受講資格その他社会教育主事の講習に関し必要な事項は，文部科学省令で定める。

（社会教育主事及び社会教育主事補の研修）

第九条の六　社会教育主事及び社会教育主事補の研修は，任命権者が行うもののほか，文部科学大臣及び都道府県が行う。

（地域学校協働活動推進員）

第九条の七　教育委員会は，地域学校協働活動の円滑かつ効果的な実施を図るため，社会的信望があり，かつ，地域学校協働活動の推進に熱意と識見を有する者のうちから，地域学校協働活動推進員を委嘱することができる。

2　地域学校協働活動推進員は，地域学校協働活動に関する事項につき，教育委員会の施策に協力して，地域住民等と学校との間の情報の共有を図るとともに，地域学校協働活動を行う地域住民等に対する助言その他の援助を行う。

第三章　社会教育関係団体

（社会教育関係団体の定義）

第十条　この法律で「社会教育関係団体」とは，法人であると否とを問わず，公の支配に属しない団体で社会教育に関する事業を行うことを主たる目的とするものをいう。

（文部科学大臣及び教育委員会との関係）

第十一条　文部科学大臣及び教育委員会は，社会教育関係団体の求めに応じ，これに対し，専門的技術的指導又は助言を与えることができる。

2　文部科学大臣及び教育委員会は，社会教育関係団体の求めに応じ，これに対し，社会教育に関する事業に必要な物資の確保につき援助を行う。

（国及び地方公共団体との関係）

第十二条　国及び地方公共団体は，社会教育関係団体に対し，いかなる方法によつても，不当に統制的支配を及ぼし，又はその事業に干渉を加えてはならない。

（審議会等への諮問）

第十三条　国又は地方公共団体が社会教育関係団体に対し補助金を交付しようとする場合には，あらかじめ，国にあつては文部科学大臣が審議会等（国家行政組織法（昭和二十三年法律第百二十号）第八条に規定する機関をいう。第五十一条第三項において同じ。）で政令で定めるもの，地方公共団体にあつては教育委員会が社会教育委員の会議（社会教育委員が置かれていない場合には，条例で定めるところにより社会教育に係る補助金の交付に関する事項を調査審議する審議会その他の合議制の機関）の意見を聴いて行わなければならない。

第十三条　国又は地方公共団体が社会教育関係団体に対し補助金を交付しようとする場合には，あらかじめ，国にあつては文部科学大臣が審議会等（国家行政組織法（昭和二十三年法律第百二十号）第八条に規定する機関をいう。第五十一条第三項において同じ。）で政令で定めるもの，地方公共団体にあつては教育委員会が社会教育委員の会議の意見を聴いて行わなければならない。

（報告）
第十四条　文部科学大臣及び教育委員会は，社会教育関係団体に対し，指導資料の作製及び調査研究のために必要な報告を求めることができる。

第四章　社会教育委員

（社会教育委員の設置）
第十五条　都道府県及び市町村に社会教育委員を置くことができる。
2　社会教育委員は，教育委員会が委嘱する。

第十六条　削除

（社会教育委員の職務）
第十七条　社会教育委員は，社会教育に関し教育委員会に助言するため，次の職務を行う。
一　社会教育に関する諸計画を立案すること。
二　定時又は臨時に会議を開き，教育委員会の諮問に応じ，これに対して，意見を述べること。
三　前二号の職務を行うために必要な研究調査を行うこと。
2　社会教育委員は，教育委員会の会議に出席して社会教育に関し意見を述べることができる。
3　市町村の社会教育委員は，当該市町村の教育委員会から委嘱を受けた青少年教育に関する特定の事項について，社会教育関係団体，社会教育指導者その他関係者に対し，助言と指導を与えることができる。

（社会教育委員の委嘱の基準等）
第十八条　社会教育委員の委嘱の基準，定数及び任期その他社会教育委員に関し必要な事項は，当該地方公共団体の条例で定める。この場合において，社会教育委員の委嘱の基準については，文部科学省令で定める基準を参酌するものとする。

第十九条　削除

第五章　公民館

（目的）
第二十条　公民館は，市町村その他一定区域内の住民のために，実際生活に即する教育，学術及び文化に関する各種の事業を行い，もつて住民の教養の向上，健康の増進，情操の純化を図り，生活文化の振興，社会福祉の増進に寄与することを目的とする。

（公民館の設置者）
第二十一条　公民館は，市町村が設置する。
2　前項の場合を除くほか，公民館は，公民館の設置を目的とする一般社団法人又は一般財団法人（以下この章において「法人」という。）でなければ設置することができない。
3　公民館の事業の運営上必要があるときは，公民館に分館を設けることができる。

（公民館の事業）
第二十二条　公民館は，第二十条の目的達成のために，おおむね，左の事業を行う。但し，この法律及び他の法令によつて禁じられたものは，この限りでない。
一　定期講座を開設すること。
二　討論会，講習会，講演会，実習会，展示会等を開催すること。
三　図書，記録，模型，資料等を備え，その利用を図ること。
四　体育，レクリエーション等に関する集会を開催すること。
五　各種の団体，機関等の連絡を図ること。
六　その施設を住民の集会その他の公共的利用に供すること。

（公民館の運営方針）
第二十三条　公民館は，次の行為を行つてはならない。
一　もつぱら営利を目的として事業を行い，特定の営利事務に公民館の名称を利用させその他営利事業を援助すること。
二　特定の政党の利害に関する事業を行い，又は公私の選挙に関し，特定の候補者を支持すること。
2　市町村の設置する公民館は，特定の宗教を支持し，又は特定の教派，宗派若しくは教団を支援してはならない。

（公民館の基準）
第二十三条の二　文部科学大臣は，公民館の健全な発達を図るために，公民館の設置及び運営上必要な基準を定めるものとする。
2　文部科学大臣及び都道府県の教育委員会は，市町村の設置する公民館が前項の基準に従つて設置され及び運営されるように，当該市町村に対し，指導，助言その他の援助に努めるものとする。

（公民館の設置）
第二十四条　市町村が公民館を設置しようとするときは，条例で，公民館の設置及び管理に関する事項を定めなければならない。

第二十五条　削除
第二十六条　削除

（公民館の職員）
第二十七条　公民館に館長を置き，主事その他必要な職員を置くことができる。
2　館長は，公民館の行う各種の事業の企画実施その他必要な事務を行い，所属職員を監督する。
3　主事は，館長の命を受け，公民館の事業の実施にあたる。

第二十八条　市町村の設置する公民館の館長，主事その他必要な職員は，当該市町村の教育委員会が任命する。

（公民館の職員の研修）
第二十八条の二　第九条の六の規定は，公民館の職員の研修について準用する。

（公民館運営審議会）
第二十九条　公民館に公民館運営審議会を置くことができる。
2　公民館運営審議会は，館長の諮問に応じ，公民館における各種の事業の企画実施につき調査審議するものとする。

第三十条　市町村の設置する公民館にあつては，公民

館運営審議会の委員は，当該市町村の教育委員会が委嘱する。

2　前項の公民館運営審議会の委員の委嘱の基準，定数及び任期その他当該公民館運営審議会に関し必要な事項は，当該市町村の条例で定める。この場合において，委員の委嘱の基準については，文部科学省令で定める基準を参酌するものとする。

第三十一条　法人の設置する公民館に公民館運営審議会を置く場合にあつては，その委員は，当該法人の役員をもつて充てるものとする。

（運営の状況に関する評価等）

第三十二条　公民館は，当該公民館の運営の状況について評価を行うとともに，その結果に基づき公民館の運営の改善を図るため必要な措置を講ずるよう努めなければならない。

（第三十二条　新設）

（運営の状況に関する情報の提供）

第三十二条の二　公民館は，当該公民館の事業に関する地域住民その他の関係者の理解を深めるとともに，これらの者との連携及び協力の推進に資するため，当該公民館の運営の状況に関する情報を積極的に提供するよう努めなければならない。

（第三十二条の二は新設）

（基金）

第三十三条　公民館を設置する市町村にあつては，公民館の維持運営のために，地方自治法（昭和二十二年法律第六十七号）第二百四十一条の基金を設けることができる。

（特別会計）

第三十四条　公民館を設置する市町村にあつては，公民館の維持運営のために，特別会計を設けることができる。

（公民館の補助）

第三十五条　国は，公民館を設置する市町村に対し，予算の範囲内において，公民館の施設，設備に要する経費その他必要な経費の一部を補助することができる。

2　前項の補助金の交付に関し必要な事項は，政令で定める。

第三十六条　削除

第三十七条　都道府県が地方自治法第二百三十二条の二の規定により，公民館の運営に要する経費を補助する場合において，文部科学大臣は，政令の定めるところにより，その補助金の額，補助の比率，補助の方法その他必要な事項につき報告を求めることができる。

第三十八条　国庫の補助を受けた市町村は，左に掲げる場合においては，その受けた補助金を国庫に返還しなければならない。

一　公民館がこの法律若しくはこの法律に基く命令又はこれらに基いてした処分に違反したとき。

二　公民館がその事業の全部若しくは一部を廃止し，

又は第二十条に掲げる目的以外の用途に利用されるようになつたとき。

三　補助金交付の条件に違反したとき。

四　虚偽の方法で補助金の交付を受けたとき。

（法人の設置する公民館の指導）

第三十九条　文部科学大臣及び都道府県の教育委員会は，法人の設置する公民館の運営その他に関し，その求めに応じて，必要な指導及び助言を与えることができる。

（公民館の事業又は行為の停止）

第四十条　公民館が第二十三条の規定に違反する行為を行つたときは，市町村の設置する公民館にあつては市町村の教育委員会，法人の設置する公民館にあつては都道府県の教育委員会は，その事業又は行為の停止を命ずることができる。

2　前項の規定による法人の設置する公民館の事業又は行為の停止命令に関し必要な事項は，都道府県の条例で定めることができる。

（罰則）

第四十一条　前条第一項の規定による公民館の事業又は行為の停止命令に違反する行為をした者は，一年以下の懲役若しくは禁錮又は三万円以下の罰金に処する。

（公民館類似施設）

第四十二条　公民館に類似する施設は，何人もこれを設置することができる。

2　前項の施設の運営その他に関しては，第三十九条の規定を準用する。

第六章　学校施設の利用

（適用範囲）

第四十三条　社会教育のためにする国立学校（学校教育法第一条に規定する学校（以下この条において「第一条学校」という。）及び就学前の子どもに関する教育，保育等の総合的な提供の推進に関する法律第二条第七項に規定する幼保連携型認定こども園（以下「幼保連携型認定こども園」という。）であつて国（国立大学法人法（平成十五年法律第百十二号）第二条第一項に規定する国立大学法人（次条第二項において「国立大学法人」という。）及び独立行政法人国立高等専門学校機構を含む。）が設置するものをいう。）又は公立学校（第一条学校及び幼保連携型認定こども園であつて地方公共団体（地方独立行政法人法（平成十五年法律第百十八号）第六十八条第一項に規定する公立大学法人（次条第二項及び第四十八条第一項において「公立大学法人」という。）を含む。）が設置するものをいう。以下同じ。）の施設の利用に関しては，この章の定めるところによる。

（学校施設の利用）

第四十四条　学校（国立学校又は公立学校をいう。以下この章において同じ。）の管理機関は，学校教育上支障がないと認める限り，その管理する学校の施

設を社会教育のために利用に供するように努めなければならない。

2 前項において「学校の管理機関」とは，国立学校にあつては設置者である国立大学法人の学長又は独立行政法人国立高等専門学校機構の理事長，公立学校のうち，大学及び幼保連携型認定こども園にあつては設置者である地方公共団体の長又は公立大学法人の理事長，大学及び幼保連携型認定こども園以外の公立学校にあつては設置者である地方公共団体に設置されている教育委員会又は公立大学法人の理事長をいう。

（学校施設利用の許可）

第四十五条 社会教育のために学校の施設を利用しようとする者は，当該学校の管理機関の許可を受けなければならない。

2 前項の規定により，学校の管理機関が学校施設の利用を許可しようとするときは，あらかじめ，学校の長の意見を聞かなければならない。

第四十六条 国又は地方公共団体が社会教育のために，学校の施設を利用しようとするときは，前条の規定にかかわらず，当該学校の管理機関と協議するものとする。

第四十七条 第四十五条の規定による学校施設の利用が一時的である場合には，学校の管理機関は，同条第一項の許可に関する権限を学校の長に委任することができる。

2 前項の権限の委任その他学校施設の利用に関し必要な事項は，学校の管理機関が定める。

（社会教育の講座）

第四十八条 文部科学大臣は国立学校に対し，地方公共団体の長は当該地方公共団体が設置する大学若しくは幼保連携型認定こども園又は当該地方公共団体が設立する公立大学法人が設置する公立学校に対し，地方公共団体に設置されている教育委員会は当該地方公共団体が設置する大学及び幼保連携型認定こども園以外の公立学校に対し，その教育組織及び学校の施設の状況に応じ，文化講座，専門講座，夏期講座，社会学級講座等学校施設の利用による社会教育のための講座の開設を求めることができる。

2 文化講座は，成人の一般的教養に関し，専門講座は，成人の専門的学術知識に関し，夏期講座は，夏期休暇中，成人の一般的教養又は専門的学術知識に関し，それぞれ大学，高等専門学校又は高等学校において開設する。

3 社会学級講座は，成人の一般的教養に関し，小学校，中学校又は義務教育学校において開設する。

4 第一項の規定する講座を担当する講師の報酬その他必要な経費は，予算の範囲内において，国又は地方公共団体が負担する。

第七章 通信教育

（適用範囲）

第四十九条 学校教育法第五十四条，第七十条第一項，

第八十二条及び第八十四条の規定により行うものを除き，通信による教育に関しては，この章の定めるところによる。

（通信教育の定義）

第五十条 この法律において「通信教育」とは，通信の方法により一定の教育計画の下に，教材，補助教材等を受講者に送付し，これに基き，設問解答，添削指導，質疑応答等を行う教育をいう。

2 通信教育を行う者は，その計画実現のために，必要な指導者を置かなければならない。

（通信教育の認定）

第五十一条 文部科学大臣は，学校又は一般社団法人若しくは一般財団法人の行う通信教育で社会教育上奨励すべきものについて，通信教育の認定（以下「認定」という。）を与えることができる。

2 認定を受けようとする者は，文部科学大臣の定めるところにより，文部科学大臣に申請しなければならない。

3 文部科学大臣が，第一項の規定により，認定を与えようとするときは，あらかじめ，第十三条の政令で定める審議会等に諮問しなければならない。

（認定手数料）

第五十二条 文部科学大臣は，認定を申請する者から実費の範囲内において文部科学省令で定める額の手数料を徴収することができる。ただし，国立学校又は公立学校が行う通信教育に関しては，この限りでない。

第五十三条 削除

（郵便料金の特別取扱）

第五十四条 認定を受けた通信教育に要する郵便料金については，郵便法（昭和二十二年法律第百六十五号）の定めるところにより，特別の取扱を受けるものとする。

（通信教育の廃止）

第五十五条 認定を受けた通信教育を廃止しようとするとき，又はその条件を変更しようとするときは，文部科学大臣の定めるところにより，その許可を受けなければならない。

2 前項の許可に関しては，第五十一条第三項の規定を準用する。

（報告及び措置）

第五十六条 文部科学大臣は，認定を受けた者に対し，必要な報告を求め，又は必要な措置を命ずることができる。

（認定の取消）

第五十七条 認定を受けた者がこの法律若しくはこの法律に基く命令又はこれらに基いてした処分に違反したときは，文部科学大臣は，認定を取り消すことができる。

2 前項の認定の取消に関しては，第五十一条第三項の規定を準用する。

持続可能な開発のための教育（ESD）に関するベルリン宣言（文部科学省・仮訳）

2021 年 5 月 19 日　持続可能な開発のための教育（ESD）に関するユネスコ世界会議採択

前文

1. ドイツ連邦教育研究省とアドバイザリーパートナーであるドイツ・ユネスコ国内委員会の協力の下，ユネスコの主催によって 2021 年 5 月 17 日から 19 日までオンラインで開催された持続可能な開発のための教育に関するユネスコ世界会議に政府，国際機関，政府間組織，非政府組織，市民社会，ユース，学術界，産業界，及び教育と学習に関わるあらゆる領域から参加した我々参加者は，本宣言を採択する。

2. 我々は，世界が直面している劇的で相互に関連する諸課題，とりわけ，地球上の生命を脅かす気候危機，生物多様性の大量喪失，公害，世界的感染症，極度の貧困及び不平等，武力紛争，並びにその他の環境・社会・経済的危機に対応するため，緊急行動が必要であることを確信している。こうした課題の緊急性は新型コロナウイルス感染症の世界的大流行によって増幅しており，我々が互いや自然との間のより公正かつ包摂的で思いやりのある平和的な関係に基づく持続可能な開発に向けた道に進めるために，根本的な変容が必要であると考える。

3. 我々は，教育は，ものの考え方や世界観に好ましい変化をもたらす強力な手段であり，開発の軌道が地球を犠牲にして経済成長のみを志向するものではなく，地球システムの限界の範囲内でのあらゆる者のウェルビーイングを志向するものであることを保証しながら，経済，社会及び環境の持続可能な開発のあらゆる側面の融合を支えることができると確信している。

4. 我々は，SDG4.7 に根差し，17 の SDGs 全ての達成を可能にする持続可能な開発のための教育（ESD）は，全ての人に持続可能な開発への変化の担い手になるための知識，技能，価値及び態度をもたらす，必要とされる変容の礎であると確信している。ESD は，学習者が，批判的思考や協調・課題解決能力，複雑さやリスクへの対応力，レジリエンスの強化，体系的かつ創造的に思考する力といった認知的能力及び非認知的能力を培うことを可能にし，市民として責任ある行動を取る力を与え，SDG4—教育 2030 に定められた質の高い教育を受ける権利を実現させる。我々は，ESD は，自然の他，人権，民主主義，法の支配，不差別，公正及びジェンダー平等の尊重に基づき，これらを推進しなければならないと考える。さらに，ESD は，異文化理解，文化多様性，平和と非暴力の文化，包摂性，責任ある行動的なグローバル市民の概念を推進すべきである。

5. 我々は，政策，学習環境の変革，教育者の能力開発，ユースのエンパワーメント，地域レベルでの活動といった領域において ESD に関する行動を動員するための次の 10 年の指針となる文書として，新たな「ESD for 2030」の枠組み及びその実施のためのロードマップを歓迎する。

我々の約束

6. 我々は，各々の責務及び責任の範囲内において，必要性，能力，利用可能なリソース，及び国家的優先課題を考慮しながら，以下を約束する。

a) 我々の教育システムのあらゆる段階において，ESD が環境及び気候行動をカリキュラムの中核要素として備えたその基本要素であることを保証する一方，持続可能な開発のあらゆる側面の相互関連性を認識する ESD に対する全体的な視点を維持する。

b) 全ての個人が持続可能な開発のための生涯学習の機会を得られるように，幼児教育から高等教育及び技術教育及び訓練並びに職業教育及び訓練（TVET）を含む成人教育まで，あらゆる段階の教育訓練並びにノンフォーマル教育及びインフォーマル教育に ESD を組み込む。

c) 認知的能力，社会性と情動の学習，個人及び社会的側面の変容に向けた行動能力に共に重点を置きながら ESD を実施し，持続可能な開発，平等及び人権尊重に向けた個人の行動変容，並びに経済・社会のシステムレベルでの根本的な構造改革・文化変容を推進し，また，これらの変化をもたらすために必要となる政治的な行動を促進する。

d) ESD の力を生かして社会を再設計し，とりわけ科学知識へのアクセスやデータ共有を奨励することにより，研究や根拠に基づく政策，民主的な意思決定及び土着の知識の認識を促進することで，地球のみならず人々のウェルビーイングの尊重を中心に据えた持続可能な変革型経済を推進し，将来の地球規模の危機へのレジリエンスと備えを強化する。

e) 学校が参加及び能動的市民性，公正及びジェンダー平等，健康，自然との繋がりや自然環境の尊重，エネルギー効率及び持続可能な消費のための生きた実験室となる時，また学習が実験的，行動志向的で地域及び文化的に適応している場合に，学習者及び学校コミュニティは民主的参加を通じて持続可能な開発に有意義に参加するようになることを認識して機関包摂型アプローチを推進し，学習者が生き方を学び，学んだように生きることができるようにする。

f) 小島嶼開発途上国では気候変動や自然災害への脆弱性が増大していることから，ESD の実施において特別な注意が必要であるため，気候変動を小島嶼開発途上国にとって特に重要な ESD の優先領域として認識する。

g) また，ESD 推進のための教師の重要な役割を認識して全ての教育段階において教師及びその他の教育人材の能力開発に投資し，必要な教育変容に向けて教育セクター全体でのアプローチが行われるよう保証する。

h) 新技術，デジタル技術及び「グリーン」技術の可能性を生かし，技術へのアクセス，その開発及び利用が，リスクと利益の適切な評価を伴い，責任のある，安全，公正，包摂的な形で，批判的思考及び持続可能性原則に基づいて行われることを保証すると共に，ESD のためのオープン教育資源，オープンサイエンス及び手頃な e ラーニング設備を推進する。

i) 学習や市民参加の機会を作り，個人及び社会の変容の共同の作り手として ESD に参加するための資質・能力やツールを提供することにより，持続可能な開発への変化の担い手としての力を若者に与える。

j) 状況に即し，緊急時教育に ESD を組み込んだ革新的 ESD 政策を推進することにより，包摂的なアプローチを通じて，障害を持つ人や避難民並びに紛争や危機及び自然災害による影響を受けた人々を含む，社会から取り残された人々を優先する。

k) 知識や技能へのアクセスにおいてジェンダー平等及び不差別を重視し，持続可能性の課題及び潜在的解決策のより深く総体的な理解を可能にする ESD におけるジェンダー主流化を確実なものとする。

l) 貧困，特に極度の貧困に立ち向かうために ESD を結集し，技術教育及び訓練並びに職業教育及び訓練（TVET）及び能力開発を含め，学習者に対し持続可能な生活に対する個人及び社会の要求を満たすための適切な資質・能力を付与して，人間の尊厳及び人間らしく暮らす権利を保証する。

m) 教育省庁と持続可能な開発に影響を与える他の全ての省庁が連携して，統治のあらゆるレベルにおいて ESD に関する多部門・多分野間の協力を強化し，教育省庁及び環境省庁の協力強化を核に非政府組織，学術界，産業界，ユースなど，他の全ての関連ステークホルダー・グループとの協力も強化して，政府全体でのアプローチを確保する。

n) 世界，地域及び国レベルにおいて，教育，環境，気候，持続可能な経済及びその他の関連開発課題のさらなる調整を支援し，様々なステークホルダー・グループ間のネットワークを強化することで，各取組が相互支援的かつ補完的となるようにし，ESD の構造的な主流化を支援する。

o) コロナ禍において，またそれ以降も，十分なリソースを割り当てて ESD に対する国内及び国際的な資金供給を守り，また全ての社会をより公正で持続可能なものとするに当たっての教育の力を強化するようなやり方で開発途上国における質の高い教育やユースのエンパワーメントを推進するに当たり，国際開発協力が果たす役割を重視する。

p) ESD の実施が継続的に改善され，誰一人取り残されないようにするのに役立つことを確実にするために，ESD の進捗を SDGs の全体的なモニタリング及び特に目標 4.7 に照らしてモニタリングし，ESD に関する評価体系を導入し，ESD の進捗を評価する方法に関する研究を強化する。

今後の取組

7. 我々は，ユネスコが，国連における ESD の主導機関として，加盟各国と協力し，特にユニツイン／ユネスコチェア，ユネスコスクール及びユネスコ指定サイトを含むそのネットワークを動員して，実施の進捗の定期的な見直しを確実に行いながら，本宣言の実施を支援することを求める。

8. 我々は，2021 年国連生物多様性条約締約国会議（COP15）や 2021 年国連気候変動枠組条約締約国会議（COP26）及びそれ以降の重要なマイルストーンを見据えて，本宣言及びその各規定を，関連する世界，地域，国内及びローカルのプロセスを通じて前進させることを約束する。

9. 人々や地球のための変容学習は，我々及び将来の世代の生存のために不可欠である。今こそ，我々の地球のために学び行動する時である。

索　引

［編著者紹介］

鈴木 敏正（すずき としまさ）
　1947 年生まれ。北海道大学名誉教授。京都大学農学博士，博士（教育学，北海道
　大学）。島根大学農学部助手・助教授，北海道大学教育学部助教授・教授，同学
　部長・研究科長，札幌国際大学人文学部教授，北海道文教大学人間科学部教授を
　経て，現在。元日本社会教育学会会長。
　主な著書：『「コロナ危機」を乗り越える将来社会論』（筑波書房，2020 年），『将来
　社会への学び』（筑波書房，2016 年），『生涯学習の教育学』（北樹出版，2014 年），
　『持続可能な発展の教育学』（東京館出版社，2013 年），『持続可能で包容的な社
　会のために』（北樹出版，2012 年），『排除型社会と生涯学習』（北海道大学出版
　会，2011 年，編著）『教育学をひらく』（青木書店，2009 年），『現代教育計画論
　への道程』（大月書店，2008 年），『教育の公共化と「社会的協同」』（北樹出版，
　2006 年），『生涯学習の構造化』（北樹出版，2001 年），『主体形成の教育学』（御
　茶の水書房，2000 年）

朝岡 幸彦（あさおか ゆきひこ）
　1959 年生まれ。東京農工大学農学研究院教授。博士（教育学，北海道大学）。室蘭
　工業大学工学部助教授などを経て，現職。共生社会システム学会会長。日本社会
　教育学会事務局長，『月刊社会教育』編集長，日本環境教育学会会長などを歴任。
　主な著書：持続可能な社会のための環境教育シリーズ（筑波書房）監修（2007 年
　～現在），『知る・わかる・伝える SDGs IV（教育・パートナーシップ・ポスト
　コロナ）』（学文社，2022 年），『めくってはっけん！ちきゅうエコずかん』（監修，
　ポプラ社，2022 年），『こども環境学』（監修，新星出版社，2021 年），『「学び」
　をとめない自治体の教育行政』（自治体研究社，2021 年），『学校一斉休校は正し
　かったのか―検証・新型コロナと教育』（筑波書房，2021 年）

「ESDでひらく未来」シリーズ
社会教育・生涯学習論　改訂版
―自分と世界を変える学び

2023 年 3 月 10 日　第 1 版第 1 刷発行

　　　　　　　　　　　編著者　　鈴木敏正・朝岡幸彦

発行者　田 中 千 津 子　〒 153-0064　東京都目黒区下目黒 3 - 6 - 1
　　　　　　　　　　　　電話　03（3715）1501 ㈹
発行所　株式 学 文 社　FAX　03（3715）2012
　　　　会社　　　　　　https://www.gakubunsha.com

　Ⓒ Toshimasa SUZUKI/Yukihiko ASAOKA 2023
　　　　　　　　　　　　　　　　　　　印刷　亜細亜印刷

ISBN 978-4-7620-3220-2